JN203566

越後戊辰戦争と
加茂軍議

稲川明雄

序文

広い越後平野を一望のもとに見おろす孤高の山、粟ヶ岳は、じーっと越後の歴史を眺め続けている。その山の麓に私たちの町があります。加茂市は昔から「越後の小京都」と呼ばれており、町の中央を加茂川が流れ、三方を囲む山並みが京都を彷彿《ほうふつ》とさせる美しい町です。

ところが、一九九〇年代初めにバブル経済が崩壊して以来、地方経済はジワジワと活力を失い、最近に至っては人口が減少する事態に陥っております。そんな中、加茂商工会議所は中心市街地がなくなると、地域のコミュニティーが崩壊してしまうという危機感から、何としても町おこしをしなければならないとの思いで、いろいろな対策を考え続けてきました。

しかし、決定的な案はなかなかありませんでした。それでも私たちは長野県小布施町や北海道小樽市のように成功した町、山形県金山町のようなユニークな町づくり、また、新潟県では村上市の町づくりなどいろいろな開発例を学んできました。だが、これらの事例を見ても商工会議所ではどういった町づくりが良いか結論が出ませんでした。いろいろな調査や研究の中で、私たちが一つだけハッキリ学び得たことは、地方都市において現在繁栄している商店街のほとんどが、観光客が訪れる町であるという現実でした。

どうやったら市外の人から来ていただけるのか、大変難しいテーマです。流行を追うのではなく独自性を持った町づくりとは何か、加茂にしかないものは一体何なのか。その答えの一つが加茂の歴史にありました。町の歴史以上に独自性のある資産は他にありません。そこでお客様をお迎えするにあたり、まず地図を作ろう、そして地図に歴史を盛り込むという仕事から始めました。

山歩き、町歩きのルートを「加茂山古道」と命名し、歩く楽しさと同時に歴史も楽しんでもらおうと考えました。

加茂の歴史のハイライトは何といっても戊辰戦争における加茂軍議の史実です。加茂・市川家が会津藩の本営となり、そこで奥羽越列藩同盟が事実上結成されます。そして、河井継之助《つぎのすけ》が頭角を現し、長岡城奪還の成功へとつながる重要な舞台となります。

私たち商工会議所は大きな予算を必要とするハード事業はできません。しかし、ソフト事業はできます。そこで、この大きな歴史的出来事を加茂市民の皆様をはじめ、多くの観光客の皆様にも知ってもらおう、そのことが加茂の魅力を深め、お客様を引き寄せることになると考えました。

早速、この歴史を本にしていただく作業を稲川明雄さんにお願いしました。長岡・河井継之助記念館の館長であられる稲川さんをおいて、他にはいないという思いからでした。幸い先生から快諾をいただき、小冊子の執筆をお願いできた次第です。当初私たちは、この本を小冊子として会員の皆様や観光客の皆様に廉価でお渡しできればと思っておりました。ところが、先生による新たな史実の発掘で、小さな町の歴史が大きくふくらみ、ついに新潟日報事業社から単行本として出版することに話が進みました。加茂での戊辰戦争の歴史的事実が、すでに掘り尽くされたと思われていた幕末維新史に、新たな視点を与えたことの証しだと思います。

このたび、この本が稲川さんの執筆によって出版されるにあたり、私たち加茂商工会議所が企画という立場で一緒に携われたことに、大いなる誇りと喜びを感じております。

この一冊が幕末維新の近代史において、池に一石を投じるがごとく、新たな波紋を広げるものと確信しております。

私たち市民はこの歴史遺産を大切にして、しっかりと後世に引き継がなければなりません。それは単なるローカルな歴史としてではありません。越後の小さな町が、実は幕末維新の動乱の時代に、国を思う英傑が集結して、そして歴史の舞台が回転していくという地になった。そういう歴史的事実に対してであります。

最後になりましたが、この本の出版に関わっていただいた多くの皆様と加茂商工会議所職員の奮闘に心から感謝を申し上げます。

平成二十八年（二〇一六）八月

加茂商工会議所
会頭　太田　明

まえがき

この物語は、現代、加茂人の強い要望によって依頼されたものである。もしかすると、あの誇り高い、加茂の青海《あおみ》精神のよりどころを復活してほしいと願っての制作依頼だったのかもしれない。加茂市に鎮座する青海神社はおよそ千三百年余の歴史を持っている。その神戸《かんべ》である市民は農商工業を大切にする民族であった。

およそ百五十年前、にわかに起こった幕末の動乱に、見事に立ちふるまった加茂人の立場を、あらためて紹介してほしいというのが意趣であったような気がする。

明治維新に積極的に参画しようとした、かつての加茂人。そこに、長岡藩の軍事総督の河井継之助らが集合し、世界史にも例をみない一度は攻め落とされたお城の奪還という快挙を成し遂げる。その企画を立案した加茂軍議を紹介しよう。

越後加茂の勤皇。列藩同盟軍の各藩の思惑、戦争の無惨、そういった人間の歴史を織りなすことによって、加茂人の誇りがみえてくる。

平成二十八年（二〇一六）八月

稲　川　明　雄

目次

序文　3
まえがき　7

第一章　加茂の勤皇
越後の小京都と加茂商人　18
宮之坊中清のこと　20
同志　小柳春堤のこと　23
これからは金貨が大切　28
松渓、旅に出る　31
学問を学ぶ　34
雛田松渓の我は我なり　36
越後の会津藩領　39
村松七士事件起こる　41
越後勤皇会議を開催　44
戊辰戦争と越後諸藩　46
慶応四年元旦の吉凶は　51

加茂の勤皇党は上杉謙信を慕っていた　53
王政復古の大号令　56
鎮撫使の来越が何もかもの始まり　57
加茂勤皇党の活躍　60
勤皇志士は佐幕の諸藩を警戒した　64
鎮撫使一行を越後に戻そう　67
桑名藩の本陣は大昌寺　70
大音龍太郎が松渓を訪ねてきた　72
大音龍太郎のもと勤皇組織をつくる　75
越後鎮圧のため北陸道先鋒総督府軍の進発　78
長岡城下の銘菓「越乃雪」を献上　80
越乃雪を献上してしまった　83
越後戊辰戦争の契機　86
実戦部隊の長たちに報告　88
大隊旗の授与　90
越後勤皇党の末路　94

雛田松渓の人生　96
宮之坊松渓の逮捕　99
河井継之助は皆川嘉治兵衛宅に入る　102

第二章　加茂軍議

第一節　加茂軍議前夜　108

加茂軍議とは　108
加茂が同盟軍の軍議所となった　111
河井継之助の人となりと加茂の蘭方医森田専庵　114
加茂は桑名藩の預り領　117
はじめに奥羽越列藩同盟があった　119
奥羽越列藩同盟の本拠地加茂　121
長岡城の落城から加茂軍議は始まっている　123
加茂へ転陣し、再起を期す　127
加茂の風俗は淳朴　130
会津藩の軍議所が列藩軍議所に　132

朝日山戦にいた会津藩兵の加茂転陣　135
敗走の長岡藩兵が加茂に入る　138

第二節　加茂軍議　143
加茂軍議が開催される　143
加茂軍議は同盟軍諸藩の結束　145
加茂軍議の出席者　147
加茂軍議が始まる　150
米沢藩・会津藩とも恭順の立場をとる　153
加茂軍議における米沢藩の立場　156
会津藩の秋月悌次郎、加茂軍議で米沢藩を説得　157
米沢藩参謀・甘粕継成の人となり　160
加茂軍議に米沢藩は会津藩の義を問う　163
加茂軍議で河井継之助が村松藩に裏切りだと発言　165
加茂軍議は切腹未遂事件に発展し、長岡城奪還を期するものになった　166
村松藩が加茂軍議にとった対策　168

村上藩家老　水谷孫平治の加茂軍議の後の人生　170
加茂軍議における同盟軍外の桑名藩の応援　172
加茂軍議で酒宴はあったのか　174
河井継之助は小千谷談判の反省のうえに加茂軍議に参加　176
小千谷談判の岩村精一郎は談判ののち猛省し、地方官として活躍　178
出羽上山藩　加茂軍議に参加　181

第三節　加茂軍議二日目　185
軍議二日目が始まる　185
加茂軍議に花輪ら長岡藩士が作戦計画を発表　187
河井継之助の股肱の人物像　189
加茂軍議の二日目は若者が堂々と意見を言う場となった　192
会津藩士の山田陽次郎の人となり　195
西郷源五郎の人となり　197
桑名藩士立見鑑三郎の人となり　199
加茂軍議は加茂本営の設置につながっていく　203

会津藩越後口総督の一瀬要人の本音　205
軍議二日目に河井継之助は世論として戦略を述べる　207
二日目の加茂軍議はどこであったのか　209
長岡城奪還の進軍手配が作成される　211
長岡藩は軍旗を加茂町で調達　217
戦争中加茂にきた外国人　219
加茂の長岡藩本陣から会津若松城下の主君に報告がなされていた　221
米沢藩総督千坂兵部が加茂に入る　223
米沢藩の戊辰戦争は加茂軍議で大きく転換した　226
第四節　松平定敬と加茂町兵　231
京都守護職の松平容保と京都所司代の松平定敬　231
桑名藩領と加茂　233
松平定敬の京都所司代　235
柏崎の両替商金子寅吉のこと　236
桑名藩士松浦秀八は主君松平定敬と行をともにす　238

桑名藩付属加茂町兵　240
戊辰戦争・加茂町兵を中心に　243
加茂町兵のその後　245

第三章　討薩ノ檄と長岡城奪還

米沢藩士雲井龍雄の「討薩ノ檄」　250
討薩ノ檄　252
米沢藩士雲井龍雄・加茂で討薩ノ檄を草す　266
今町の戦いは、長岡城の奪還に期待を抱かせた　269
大黒、福井戦が八町沖渡河戦につながっていく　272
福島村夜襲戦は八町沖渡河作戦の前哨戦　274
同盟軍各藩も長岡城奪還に意欲を持つ　275
加茂軍議の進軍手配も長岡城の再度の落城で水泡に帰す　278

あとがき　281

第一章　加茂の勤皇

越後の小京都と加茂商人

幕末の頃、越後加茂（新潟県加茂市）に希代な勤皇坊主がいた。

坊主といっても、修験者に近く、青海山神宮寺《あおみざんじんぐうじ》の住職と山王権現《さんのうごんげん》の神官を兼ねていた。

町の人びとは、その坊主を「宮之坊《みやのぼう》」とか、「宮之坊役者《えんじゃ》」と呼んでいた。神と仏に仕えるという意味が名に込められていた。

坊主の名は姓が雛田《ひなだ》で号を松渓《しょうけい》と称した。もちろん、種々の呼称を持っていたが、煩瑣《はんさ》なので、ここでは「宮之坊」とか「松渓」で通していきたい。

生年は文政二年（一八一九）という。

幕末日本が大変革をする明治維新の慶応四年（一八六八年）には数え年、五十歳だったが朗々とした若さがあった。

その若さのエネルギーが勤皇を唱えることで、本尊の釈迦牟尼仏《しゃかむにぶつ》の前で読経拝礼しながらも、南方の天皇がおわす京の方角に拝礼を繰り返す奇妙な坊主であった。

その坊主のところに慶応四年の新春も明けたころ、加茂町の商人、八幡屋六左衛門が訪ねてきた。八幡屋は小柳春堤《しゅんてい》という。よく肥えた福顔の初老の男だったが、商売の話よりも勤皇論議の方が好きだった。

八幡屋は「大宮司の古川舎人《とねり》様の卜筮《ぼくぜい》では、今年は大凶とあったそうだが、いくさでも起こるのだろうか」と松渓に尋ねた。

「古川舎人殿の卦《け》は当たる。何しろ神代《じんだい》の頃から古川家に伝わる占いは、抹香《まっこう》臭い坊主の祈祷《きとう》よりも霊験あらたかである」

と松渓は答えた。

そのことは嘘でもない。

加茂商人は商売上の心願《しんがん》があると、町中《まちなか》の加茂山にある加茂の大明神社（現在の青海神社）にお伺いをたてるのを通例としてきた。社前で商売上の契約をすることもあった。不思議と卦は当たり、町の商工業が発展してきた。そんな有力な商人は屋敷神をそれぞれ持っているといった敬神家が多い。

ところが町のなかには仏教の各宗派の古刹《こさつ》がごろごろとある。まるで町の中を流れる加茂川の川石のように、たくさんあったが、すべて筋目の正しい寺院が多かった。その寺院の門前毎《ごと》に商家が群がっている観があった。

「寺銭さえ払えば商売させてくださるから、ありがたいお寺です」

と加茂商人たちは口を揃《そろ》えて寺に感謝した。その一方で敬神をするという商人たち。そういう風潮が町の隅々までいきわたり爽快感さえあった。

清冽《せいれつ》な加茂川。三方の小高い山。そして加茂の大明神社（青海神社）の壮麗な神殿と地神の古社。そして由緒正しい寺院。町並みは村松街道に沿って、整然と並んだ。誰が言うことなく越後加茂を「越後の小京都」と呼ぶ所以《ゆえん》だ。

宮之坊中清のこと

肝腎《かんじん》の松渓《しょうけい》は「宮之坊役者《みやのぼうえんじゃ》」とも呼ばれていた。古代の修験道《しゅげんどう》の開祖・役小角《えんのおづぬ》を彷《ほう》佛《ふつ》させる呼称である。かんじんは、勧進なのか願人なのかよくわからない。どちらでもあったろう。

宮とは越後加茂大明神社。現在の加茂市内の中心部に位置する青海《あおみ》神社のことである。加茂山（標高100メートル余）の中腹付近に位置している。

代々の宮司家は神官の古川家が司《つかさど》り、文化、文政ごろに輩出した古川茂陵《もりょう》がもっとも著名である。茂陵の業績は他著に譲るが、大の勤皇思想を持ち、近辺の有識者に大きな影響を与えた。

神宮寺《じんぐうじ》の宮之坊も茂陵に影響を受けた。茂陵の古川家は代々通称を舎人《とねり》と称し、幕末、明治にかけた古川舎人の著述した『勤皇日誌』は越後勤皇史というべきものである。

青海神社の脇参道を登っていくと、神宮寺跡がある。明治に入り廃仏毀釈《はいぶつきしゃく》によって撤去されたが、かつては神宮寺の寺院があった。

本堂には本尊の釈迦牟尼仏《しゃかむにぶつ》（座像で四尺五寸）が置かれ、脇侍《きょうじ》に不動明王・毘沙門天の二体の立像（ともに四尺五寸）があったと、神宮寺第七世宮之坊利恭が『当寺本尊由来紀』に書いている。

現在は神宮寺の本尊が加茂山の右隣、尾振山の山麓の曹洞宗寺院大昌寺山門左脇の小堂に鎮座している。本尊は盧遮那仏《るしゃなぶつ》、左右に多聞天《たもんてん》、広目天《こうもくてん》が配されている。仏像が入れ替わった理由については定かではない。

雛田《ひなだ》松渓は名を中清という。だから、幕末動乱期には「宮之坊中清」と名乗って、各地を行脚している。特に加茂の町が桑名藩預《あずか》り領になったことから、寺中の争いから、訴訟のために桑名藩領の陣屋がある越後柏崎の町へ出かけることが多かった。そこで同じ勤皇の志を持つ柏崎商人、星野藤兵衛や山田家と交遊している。柏崎の町は桑名藩松平家の十一万石のうち、五万石の越後分領地。陣屋と数人の桑名藩士が勤めているだけの港町。商人と農民が住む比較的交易が自由なまちであった。

一方、加茂は桑名藩領一万石の預り地であったが、これも加茂商人の町。

両町は何かにつけて交遊をしており、松渓も金銀貨の交換ルートの商人の道でつながっていたと思われる。

同志　小柳春堤のこと

加茂には小柳という姓が多い。

たぶん、加茂の町の成立に何らかの因縁があったものと思われるが、ここでは詮索をしない。むしろ、勤皇坊主の宮之坊《みやのぼう》中清を訪ねてきた小柳春堤《しゅんてい》という人物に注目する。

八幡屋は山林地主だというが、どうも金貸しをしていたらしい。小柳春堤の代になって相当の資産をためこんでいた。そうなれば、その資産を保全しようと思うのは人情というもの。春堤は松渓《しょうけい》の学問の弟子であると同時に、時局を憂える勤皇の志士となった。

「松渓さん、最近、やたらと新発田藩の役人が加茂に来て、何やら庄屋の市川庄兵衛家と相談しているらしいが、何が目的かな」と問いかけた、加茂町の庄屋は市川家。町の中央に豪壮な屋敷を構え、徴税役所も兼ねている。当代の当主は市川正平《しょうへい》治《じ》。四十半《なか》ばの壮年。これも累代からためこんだ資産家。一番怖いのは御用金という徴税。そこは庄屋の権限を生かして、御用金を少なくすることに努めていた。

加茂町と付近の七十五か村は、桑名藩預《あず》り地になる前は新発田藩領だった。わずか一万石の桑名藩の預り地である。そこで徴税は、新発田藩が代行することになっていた。新発田藩の役人が加茂町街や村々をウロウロするのは、そのためである。

それに、徴税は営業の収益から、一定のパーセントの御用金を提出することを目的としていた。御用金は、銀貨での納入は時局が嫌われ、金貨で納めることを歓迎されていた。

加茂は信濃川水運などで発達した町である。物資の多くは新潟港に運ばれ、北前船《きたまえぶね》に載せられて関西方面に運ばれた。まれに東廻りの北前船もあったが、多くは西廻りの北前船だ。そこでの代価の決済は銀貨が多かった。上方《かみがた》の経済は銀貨で動いていたからである。

加茂の町には銀貨は余るほどザクザクとあった（もっとも当時、決済は為替が多かったから、加茂の町が銀貨であふれたわけではない）。だが、小判や金貨相当に銀貨を替えないと御用金は収められない不文律のようなものがあったから、加茂の町の商人は金貨をためこんでいた。

小柳・市川・皆川・関・明田川などといった加茂の有力商人は、土蔵倉にせっせと金貨を積み上げていたのである。

小柳春堤の八幡屋は、その資産の減少をもっとも恐れていた。春堤は商人であったので簡単に通行手形を新発田藩や寺院から取るわけにもいかず、比較的旅に出やすい宮之坊に、商用を頼んだりしていた。

「松渓さん。柏崎町にいったら頭陀袋《ずだぶくろ》にいっぱい金貨を持ってきておくれ」

とずうずうしく頼んだりしている。

宮之坊中清こと雛田《ひなだ》松渓は、学問好きだった。それは多分に、父の葵亭《きてい》の影響を受けている。葵亭は独学と旅で、各地の学者を訪ねた博学の宮之坊と称された人物である。葵亭は独特の勤皇主義を唱えた。

「神道の頂点は天皇である。皇室を第一に尊崇しなければならない」という。松渓はその父の三男坊。多分、父に気質が似ていたからこそ、勤皇を唱えることになったのであろう。

「八幡屋さんや、そう金貨、金貨というても、いずれ、金貨も価値のない時代が迫ってくるから、金儲《もう》けをしなくてもいいんじゃないか」

と松渓が春堤をたしなめた。ところが、

「いや、これからは金貨が一層大切になる。大坂は銀貨で動き、江戸は金貨の方が通用するというが、金貨をためれば、必ず儲かる時代がくる。儂《わし》はいつか市川正平治に代わって庄屋職を奪いとってやる」

「明田川家が庄屋職を追われたのも、徴税（御用金）の不始末であるといわれているではないか。庄屋職をとったとて、何の利益があるものか」という松渓。

「お前様は祈祷《きとう》坊主だったからわからないが、市川正平治は越後でもめずらしい蘭《らん》方医《ぽうい》の森田専庵とよしみを通じ、新発田藩の役人に便宜を図ってもらったからこそ、庄屋職にもなり、大富豪になったんだぞ。あやつの金蔵をそっくりいただける才覚は、ただひとつ、時局を読んで、これはと思う機会が訪れたらためこんだ金貨で丁か半かの賭けをすることだ」

この松渓と春堤の会話について、若干の説明を加えてみる。冗長かもしれないが、明治維新前後の政治・経済的状況が、どのようなものであったかが理解できる。

まず、「金貨が重要」と言ったのは、金貨の方が世界の流通通貨となっていた。当時の日本は米穀量が経済力を表していたが、その米穀類などの農産物を交易させるために、三貨制度をとらざるを得なかった。すなわち金貨・銀貨・銭貨の通用である。その三貨は幕法では、およそ金一《いち》に対し銀は四、銅は百以上というふうになっていた。ところが日本が開国してみると、諸外国は金が一に対し、銀は日本の四倍の十六で取引されていた。そこで、諸外国の商人は、銀貨を持ち込んで金貨に替えるだけで大儲けができたのである。

長岡藩の河井継之助《つぎのすけ》が横浜港や新潟港で、最新の武器・弾薬を調達できたのも、多くは金貨で外国の武器商人に支払ったためであるといわれている。

また継之助は藩財政改革にあたって、他藩が放出する余剰米を、領内吉田村の豪商今井孫兵衛に買い取らせ、北前船で大坂へ持っていき、藩の蔵屋敷に保管したうえに、米価が高騰した機会を捉え換金している。その際、銀貨で決済したものも多かったが、それを金貨に両替して、長岡城に運び入れて大広間に積みあげている。その際、加茂の町か新潟の町の両替商を使ったらしく、藩の才覚者である鬼頭少山を早くから加茂に潜入させている。

これからは金貨が大切

「金貨じゃよ。八幡屋さん。小判や小粒金を集めねば、これからの勤皇の資金にはならぬ」

と雛田松渓《ひなだしょうけい》は言う。

「柏崎（柏崎市）の星野藤兵衛さんは一万金を勤皇につぎ込むと言うておる」

「何代もかかってためた金貨を惜しげもなく越後勤皇党のために使うというからには覚悟がいろうて」

「本当に商人《あきんど》は大損ばかりしておる」

と小柳春堤《しゅんてい》は嘆息《たんそく》した。

「八幡屋さんも身代《しんだい》を傾ければ数千金は拠出できるだろう」

「そんなことをしたら、本当に破産です」

「軍資金は、銀貨じゃなんの役にも立たぬ。全部金貨に替えて、新潟に持っていかんば、鉄砲や弾薬は手に入らないし、また遠征もできぬ。それに朝廷への献金は最近は銀よりも金が喜ばれるそうじゃ。夷狄《いてき》の商人も、天保小判よりも、文政小判・享保小判の方が喜ぶということだ」

「へぇ、そんなもんかえ。いままでの商売は銀貨で決済したものが多かったのに、金貨とは時代が変わったもんだ」

「安政五年（一八五八）に日本が通商条約を結んでから、夷狄の銀貨がどんどん入ってきて、金貨の値を上げているらしい」

「銀貨では物が買えないということか」

「特に優秀な夷狄の鉄砲や弾薬を買うには金貨が必要なんじゃ」

「長岡藩の河井継之助は、越後の米を今井孫兵衛に買い占めさせると同時に、金貨を集め、武器を購入していると聞いたぞ」

「そうそう、長岡藩は一家に一銃ずつ、夷狄の新式銃を持ち、鎧《よろい》・兜《かぶと》の類は古道具屋に売り払ったというではないか」

「その道具類を安いといってわが同志が買い漁《あさ》ったと聞いた」

「ああ、嘆かわしや」

「加茂・狭口村の笠原新吾の弟は、中之島村に養子へ行き、松田秀次郎と名乗り、方義隊《ほうぎたい》（のちの居之隊《きょしたい》）を結成し、新政府軍に加盟しようと志しているようだが、しょせん、町人や農民の集まりだから、新式の銃でも奮発せんことには大願成就にはならん」

「幸い、加茂は昔から舟運の交易の中継所であったたし、また、関東に物産を輸出する商人が多かったから、金貨・銀貨の両替にはきわめて適切の地である。勤皇に尽力する商人の協力を得れば、新国家のためにもなる」

と松渓と春堤は話し合っている。ただこの会話の最後に松渓が、

「この加茂に、長岡藩士の鬼頭と名乗る侍が最近、徘徊《はいかい》していることが気になるが」

と呟《つぶや》いた。

松渓、旅に出る

松渓《しょうけい》は二十七歳の晩夏に旅に出る。

弘化二年（一八四五）のことである。そのとき、父の葵亭《きてい》は、死病にかかっていたらしい。

旅は修行だ。松渓には旅に二つの思いがあった。父の業績を超えようとするための学問の旅と、宮之坊《みやのぼう》である修験の修行だ。

父の葵亭は五十九歳となっていた。めっきりと体力が衰え、門人が減った。父は三男の松渓を後継者にしようと、自らも若い頃に課した修行の旅に出ることを勧めた。

「松渓よ、貴公は京都へ行け。そこで学問を修行してこい。できたら、僕が若い頃、放浪した信州や甲斐《かい》、美濃を経て、伊勢の神宮に詣でて、天照大神の神徳に感化されてくるがよい。わが加茂の大明神社（青海《あおみ》神社）は、天照大神の威風を継ぐもの。神民が何故に天皇を尊崇しないかをあらためて勉学し、越後の加茂に温古の風を巻き起こすのじゃ」

と激励されて送り出された。

父の葵亭は十五のときに出奔《しゅっぽん》して、信濃国の戸隠の山寺で、下僕になって働きながら勉学をした体験を持っていた。そこで得た学力で江戸に遊び、帰郷して寺子屋を開いた。

わが子には路銀を持たせて、しかるべき師のもとで修学させてやりたいと思っていた。幸い修験者ならば、旅は容易であろうと考え、船便で京へ行くより、あえて山中を通って京へ行くことを勧めた。それに加茂の大明神社に勧請《かんじょう》している天照大神を祀《まつ》る伊勢神宮の参拝を勧めたのである。

それは宮之坊と呼ばれる雛田《ひなだ》家の宿命を担ったものであった。

松渓にしてみれば、父が「行ってこい」というから、仕方なく旅立つ修行であった。弥彦神社に詣でると、加茂が恋しくて悪寒に悩まされたが、弥彦の神宮寺《じんぐうじ》の住職に助けられて、秋の風が吹く頃柏崎へ向かっている。

柏崎では十六堂塾の原修斎に会った。

修斎は原松洲《しょうしゅう》の継子《けいし》。朱子学の儒学者であった。松渓は修斎との縁で、勤皇志士の星野藤兵衛と後年、気脈を通ずることになる。

松渓は、漢詩を記して、己の気概を高めようとした。

駅程　路《みち》を転じて　平沙《へいさ》に出づ
其《そ》れなんぞ故人　相隔たりて賖《はる》かなる
争《いか》で英雄　抜山《ばっさん》の力を借りて
米山　排去して　君が家を望まん

米山峠を越えると、砂浜に出た。友人の原修斎の塾と、はるかに隔たった。どうしても、英雄の項羽の「抜山の力」（気力の雄大な様をいう）を借りて、米山の山容をとり去ってでも、君の家を望んでみたいものだ。

（結城重男『雛田松渓　その詩と生涯』から引用）

学問を学ぶ

京で松渓《しょうけい》は、梅田雲浜《うんぴん》の望楠軒《ぼうなんけん》に入門したと伝聞されているが定かではない。当時、京では楠公《なんこう》・楠木正成の忠誠を教える望楠軒が人気で、全国の俊英が集まっていた。父の葵亭《きてい》の教えや、松渓のその後の勤皇思想からいえば、雲浜学問（崎門派《きもん》）に影響を受けたと考えるのが妥当だろう。

『孟子』にいう「民を尊しと為し、社稷之《しゃしょくこれ》に次ぐ、君を軽しと為す」を説く、雲浜の講義に松渓は感動したことだろう。

天皇のいる京だからこそ、斬新な勤皇思想に触れることができた。また代々の封建領主の直接支配を受けていない加茂出身の雛田《ひなだ》松渓だからこそ共鳴できたテーマであった。

次いで、松渓は大坂の梅花塾に移り、篠崎小竹《しょうちく》という古文辞《こぶんじ》学者のもとへ入った。古文辞学とは、荻生狙徠《おぎゅうそらい》が始めた学問だが、実利を重んじていた。

小竹は古文辞学だけでなく、朱子学も修めていたから「自らを厳しくし、他を糺《ただ》す、敬の倫理を大切にしていた」。この影響を二十七歳の松渓は受けた。

加茂に帰郷してから、勤皇運動に尽くそうとするのは、朱子学的な心の矜持《きょうじ》があったものと思われる。

そして、最後に伊勢の津に行き、斎藤拙堂のところに草鞋《わらじ》を脱いでいる。

当時、拙堂は津藩三十二万石の藩校有造館の督学《とくがく》（副校長職）の地位にあり、博覧強記をもって近隣の儒学者をうならせたほどの学才の持ち主であった。拙堂の学問は西洋知識の習得にも向けられ、医学などにも興味を持っていた。松渓が拙堂のもとを辞したのちに、拙堂は種痘《しゅとう》法を広めようとしたほどの俊才であった。

松渓は拙堂のもとで、新しい時代が、ひしひしと近づいていることを悟った。

余談だが、松渓が訪ねた弘化二年（一八四五）の十四年後の安政六年（一八五九）に、長岡藩の河井継之助が拙堂のところへ行っている。

松渓は、伊勢神宮に詣でてから、朝熊山《あさまやま》に登り、東海道を下って、一年半の長旅を終えている。

その間、父の葵亭は六十歳で没しており、帰郷すると父の志を継いで、近隣の子弟に学問を教えた。この学徒の多くが加茂勤皇党の中核を形成し、越後の明治維新に活躍することになる。

雛田松渓の我は我なり

加茂山の山腹の神宮寺《じんぐうじ》から東を見ると、なだらかな山並みの間から陽《ひ》が昇ってくる。加茂の町並みはまだ暗く、静寂の中にある。

加茂川の川霧が沸いてくるのが見える。

彼方《かなた》の山の稜線から昇る陽に、松渓《しょうけい》は手を合わせた。

今日も松渓は僧形だが、一心に祈るのは国家鎮護・大和民族の安泰である。

「八幡の森は、あれにありなん」とつぶやき、その森に鎮座する長瀬の社に拝礼をした。振り返って、自らが住職をしている神宮寺境内から見える青海《あおみ》の大社《おおやしろ》にも拝礼を繰り返した。

雛田《ひなだ》松渓の人間性を『北越名流遺芳』では「資性通脱《つうだつ》、細節に拘《かかわ》らず、交遊を愛し、雅俗を論ぜず」とある。つまり穏やかで物事にこだわらない豪放な性格の持ち主。それに他人と付き合うことが好きで、上品や下品なことにもこだわらない人柄であったというのである。

彼の外交（交際）の良さが、各地の勤皇同志を連結させている。

父の葵亭《きてい》は独学に近かった。しかし、父は松渓に「天下・国家」のことを学べと遊学に送り出した。

松渓が斎藤拙堂のところで、何を学んだかは詳《つまび》らかではない。長岡藩の河井継之助も斎藤に学んでいる。

継之助は斎藤の独善をかなり憎んだが、松渓は斎藤に親炙《しんしゃ》している。そう考えると、のちに戊辰《ぼしん》戦争の際、二人が対極に位置していることが面白い。

しかし、松渓は父を尊敬しており、その父は加茂の大明神社（青海神社）の神主古川茂陵《もりょう》から学問を受けている。茂陵は京で崎門《きもん》朱子学（山崎闇斎が創始した勤皇色の濃い朱子学）を学んでいるので、松渓も、その影響を受けた。

古川茂陵は代々、加茂の大明神社（青海神社）の祠官《しかん》を務める古川家に生まれている。

そもそも青海神社は青海郷の総鎮守で、青海郷を開拓した青海首《あおみのおびと》一族によって、神亀《じんき》三年（七二六）に創建されている。その後、延暦十三年（七九四）の京の賀茂別雷神《かもわけいかづち》と賀茂御祖神《かもみおや》の分霊を勧請《かんじょう》したことから、京都の賀茂神社の神領となったことがあった。

こういった青海神社の経緯から、代々勤皇家を輩出し、古川茂陵に至ったとき、その学識が太政大臣九条尚実《なおざね》や大納言の中山愛親《なるちか》らの公卿《くぎょう》に講義をするに至ったのである。

明治維新が当初、王政復古と称せられたとき、加茂の勤皇同志がにわかに活動を始めるのは、このような由緒があったからにほかならない。

松渓は号の一つに「我為我堂《がいがどう》」と称し、巧みな詩文集に『我為我堂詩集』と名付けた。

我為我とは「我は我なり」と訓《よ》む。

「私が勤皇をやらねば誰がやる」という。

なんと、自我の強い訓みであろうか。

越後の会津藩領

雛田松渓《ひなだしょうけい》は父の葵亭《きてい》から受け継いだ勤皇思想を生涯、貫いた。古川茂陵《もりょう》の大明神社の敬神は、皇室の尊崇にあった。松渓は大明神社付属の神宮寺《じんぐうじ》の社僧であったから、あたりまえであったといえば、そうだともいえる。がしかし、当時、年齢が五十歳の宮之坊《みやのぼう》の松渓が、勤皇運動に身を置こうとした決心はどこからきているのだろうか。

戊辰戦争時、加茂における奥羽越列藩同盟軍の加茂軍議も、また米沢藩士雲井龍雄が加茂の大昌寺で起草する「討薩《とうさつ》ノ檄《げき》」も、松渓の勤皇攘夷《じょうい》論が、加茂に存在しなければ、ただの歴史の通過点にすぎなかった。もとより松渓も一介の草奔《そうもう》志士にすぎない。生涯もさほど苛烈ではない。ところが宮之坊の松渓が、越後に風雲の嵐を巻き起こし、とどのつまりは加茂（加茂市）を生き返らせるのである。

松渓の生涯を検証すれば、なぜに加茂軍議が加茂で開催されたかが分かるし、また明治維新史上の加茂の重要性も認識できる。

さて、松渓が激しく会津藩を憎悪するのは、村松藩の七士事件からである。越後村松藩は外様大名堀直賀《なおよし》が藩主。幕末の動乱に、藩政改革を要求する軽輩たちの正義党と守旧派が対立した。正義党は長州藩と好《よし》みを通じ時流に乗り、越後を勤皇色に染める狙いがあった。それを守旧派の家老と会津藩が弾圧して、佐幕色にした。それが村松藩士七人の犠牲となった。

松渓は村松藩の内部抗争を干渉した会津藩士を憎んだ。旧来、親交のあった村松藩士を会津藩士が立ち会うように擬装して殺した村松藩佐幕派を怨んだ。それらを大いに憎悪して、勤皇倒幕活動に自ら投じていく。

そもそも越後に会津藩領が多かった。立藩《りっぱん》当初から東蒲原《かんばら》郡の津川などに所領があったが、幕末になると幕府領の支配替えでにわかに増加した。すなわち文久元年（一八六一）、魚沼・蒲原・三島・岩船郡内の約五万石を会津藩へ。また慶応元年（一八六五）八月、京都守護職の功績により、蒲原・三島・岩船の三郡から二万五千石が会津藩領となった。

慶応四年（一八六八）には、越後幕府領のすべてを会津・米沢・桑名・高田藩の領地に配分した。

その所領は十五万石以上。越後の高田藩十五万石の上に会津藩がいた。会津藩も、もとより勤皇藩であるが佐幕を尊崇していた。

当然、希薄になりがちな治安を会津藩はなんとか統制して、越後の佐幕勢力を結集して薩摩・長州藩への対抗勢力にしようとした。

村松七士事件起こる

江戸時代以前から、加茂町を中心に、四里四方（約十六平方キロメートル）に、比較的大きな町があった。五泉・村松・三条である。それらの町と加茂は、産業・文化などの交流が密接だった。

松渓《しょうけい》も勤皇を通じて、三条の村山半牧《はんぼく》、五泉の和泉佳逸《いずみかえつ》などとの交流があった。そのなかで村松は、外様大名堀家三万石の城下であったが、幕末、藩士に正義党が現れ、松渓らと交誼《こうぎ》を重ねた。正義党とは後年、彼らの勤皇への忠義をたたえて命名されたものであったが、正義党の結末は五人の切腹、二人の斬首であった。七人の犠牲者が出たことから「村松七士事件」という。

事件の始まりは、万延元年（一八六〇）三月の井伊大老襲撃の下手人の一人である水戸浪士杉山弥一郎が、村松藩の江戸屋敷に預けられたことであった。井伊直弼《なおすけ》の暗殺は、いわゆる桜田門外の変と称されたが、当時の日本を震撼《しんかん》させただけでなく、越後村松三万石の小藩に影響を与えた。

杉山の態度は命を捨てても、国のために尽くそうとする心情にあふれていて、一部の村松藩士の心を揺さぶった。すなわち真の勤皇とは何かという思潮が、小さな藩内に芽生えた。

最初の心酔者は堀祐元《ゆうげん》という藩医だった。弟に佐々耕庵《こうあん》と蒲生済助《がもうさいすけ》がいる。堀祐元は雛田松渓と、とりわけ親交があった。祐元は村松藩の危機に心を痛めていた。

「門閥が藩政を壟断《ろうだん》し、藩の宝である領民を苦しめている」というものであった。

門閥の代表は藩主堀家の縁戚の家老堀右衛門三郎だという。長岡藩家老山本帯刀《たてわき》家とも縁戚で、「まるで譜代大名家の家老のように振る舞い、佐幕を主張している」というものであった。

祐元はそういった藩論を勤皇にし、領民に苦しみを与えない藩をつくりあげるべきだと主唱した。そこには水戸浪士の杉山弥一郎の立派な死に様に感化されていた。

祐元は有志を募り、正義党らしきものを形成し、たまたま、村松城下に訪ねてきた長谷川鉄之進という人物に相談した。長谷川は西蒲原《かんばら》郡粟生津《あおうづ》村の出身。鈴木文台《ぶんだい》の長善館で学び、松渓とも心友となった人物であった。その鉄之進は江戸に遊び、京に出て草莽《そうもう》の志士となって、いわゆる七卿《しちきょう》落ちの際、お供をして長州に至り、義勇兵を集め忠憤《ちゅうふん》隊長となった。

その長谷川が蛤《はまぐり》御門《ごもん》の変で会津藩兵と戦い敗れて、越後に潜入して堀祐元らの正義党と出会った。そこで長谷川が長州藩兵を海路誘導して会津藩を討とうと提案した。祐元は慶応二年（一八六六）六月二十八日に没してしまったが、その計画は実弟たちに引き継がれた。

荒唐無稽な計画だったが、村松藩正義党を雛田《ひなだ》松渓らは支援していた。それが正義党の一部に裏切る者が出て、一気に慶応三年五月十九日に、五人に切腹、二人に斬首の刑が執行された。

その際、村松藩は会津藩士木村兵庫、土屋鉄之助、萱野安之助らを村松城下に誘導し、あたかも立ち会わせたような演出をした。

松溪、半牧らの勤皇に心を寄せる者たちは以後、会津藩を憎悪するようになる。

越後勤皇会議を開催

その事件以前、越後で勤皇の志を持つ同志がたびたび会議を開いている。

その嚆矢《こうし》が元治元年（一八六四）秋の三島郡瓜生《うりゅう》村の庄屋金子清一郎宅で開かれた会議である。瓜生村は三島郡でも数少ない長岡藩領。同志十余名が書画骨董《こっとう》と鑑賞を名目に集まったという。

出席者の顔ぶれは若月学圃《がくほ》、二階堂保則、関矢孫左衛門、それに金子清一郎くらいしか分かっていない。おそらく、与板城下の国学者斎藤赤城《せきじょう》の影響を受けた同志たちが、時勢を憂慮して集まったものであろう。

二階堂の著述『風後餘草《ふうごよそう》』に「時事を痛論し、悲嘆慷慨《こうがい》」とあるからおのずと談じた内容も知れよう。

第二回の会議は慶応三年（一八六七）九月上旬。やはり金子清一郎宅で、前述の四人に加え高橋竹之介が加わった。

高橋竹之介は南蒲原《かんばら》郡中之島杉ノ森出身。奥羽探訪の視察から帰ったばかりであった。

幕末の政局は混沌《こんとん》としており、村松七士事件の弾圧が、越後の勤皇の面々に影を落としていた。しかも会津藩の越後介入は日増しに強くなった。

ちょうど、その頃、会津藩の主導で新潟町の料理店、鳥清《とりせい》で与板藩を除く、越後関係各藩の代表者会議が開かれている。

こうした会津藩の動静に勤皇の面々は憂慮し、特に村松藩の同志を失ったことに対する恨みを持った。

『風後餘草』に「密《ひそ》かに若月等の諸子と、謀《はか》り長州に投じ、軍艦を率ひて、新潟を襲ひ、直に若松を衝《つ》くの策を献せんとす」とある。

若月とは若月学圃のことで、幕末の越後の勤皇家を指導した人物だったが、戊辰戦争の直前に没して世に現れなかった。彼らが長州藩奇兵隊を海路誘導して、会津藩攻略を計画した。

雛田松渓《ひなだしょうけい》や三条の勤皇家、村山半牧《はんぼく》などは、会津・村松の両藩を恨みに思い、かつ、会津藩と京都で同調している長岡藩に疑念を抱く。

戊辰戦争と越後諸藩

慶応三年（一八六七）十月十四日、江戸幕府第十五代将軍徳川慶喜が、朝廷に大政を奉還し、源頼朝以来、途中紆余曲折《うよきょくせつ》はあったが、武家政治が終わった。当時、江戸幕府独特の幕藩体制は、幕府の崩壊によってよりどころを失った。ときに、薩摩、長州両藩は以前から倒幕運動を起こしており、新政権の奪取を狙っていた。その倒幕運動は勤皇、つまり天皇の親政国家を目指すものにかわり、同年十二月九日の小御所《こごしょ》会議で、旧幕府領の納地、前将軍の辞官の決定により、旧幕府勢力の衰退となってしまった。

この危急を打開しようと前将軍徳川慶喜は大坂城に入り、武力嘆願を試みようとして、慶応四年一月三日京都郊外の鳥羽・伏見で新政府軍（薩摩・長州連合軍）と衝突した。戊辰戦争の始まりである。

旧幕府軍には旧幕府の歩兵連隊や会津、桑名両藩兵と新撰組など一万五千名の兵がいた。越後長岡藩は越後で唯一、旧幕府側の陣営におり、大坂の玉造口《たまつくりぐち》の玉津橋を警備していた。その兵、二小隊計百名前後で、主君十二代藩主牧野忠訓《ただくに》（実際は病のため大坂城にいた）を推戴《すいたい》し、家老の河井継之助が指揮していた。

一方、新政府軍は京におり、約五千名が鳥羽・伏見の戦場に現れた。上京嘆願を強行しようとする旧幕府軍と新政府軍の戦いは、新政府軍の一方的な勝利となった。

そこで力を得た新政府軍側は、次々と西南諸藩を糾合し、東征軍の編成を始めた。長岡藩兵は旧幕府軍の敗走とともに、藩主以下、江戸に帰り、急速に戦備の充実に努めた。慶応四年二月には横浜港に着いたばかりのガトリング砲二門を六千両で買いあげている。

一方、京の新政府は天皇の親政を行うために、各道に鎮撫使《ちんぶし》の派遣を始めていると同時に征東大都督《せいとうだいととく》を任命し、各道の先鋒《せんぽう》軍の編成を開始している。

越後に北陸道鎮撫使一行が入ってきたのは、同年二月の初めの頃である。当時、越後には十一藩が存在していた。

高田藩	十五万石	藩主	榊原政敬《さかきばらまさたか》
新発田藩	十万石	〃	溝口直正《なおまさ》
長岡藩	七万四千石	〃	牧野忠訓《ただくに》
村上藩	五万九十石	〃	内藤信民《のぶたみ》
村松藩	三万石	〃	堀　直賀《なおよし》
与板藩	二万石	〃	井伊直安《なおやす》
三根山藩	一万一千石	〃	牧野忠泰《ただひろ》
三日市《みっかいち》藩	一万石	〃	柳沢徳忠《のりただ》

黒川藩　　　一万石　　〃　　柳沢光昭《みつてる》
椎谷藩　　　一万石　　〃　　堀　之美《ゆきよし》
清崎藩（糸魚川）一万石　　〃　　松平直静《なおやす》

である。

このほか、越後には旧幕府領、会津、桑名、沼津、高崎、上山などの各藩領、または旗本領があった。

そこへ、北陸道鎮撫使一行が到着し、親政を申し渡そうというのであるから、各藩は、その対応に大わらわとなった。

その鎮撫使一行を率先して出迎え、勤皇の態度をみせようとした庶民グループがいた。その一つの加茂の勤皇グループは、蒲原《かんばら》の同志と連携し、速やかな天皇親政の新国家の実現を目指そうとする。

越後諸藩図

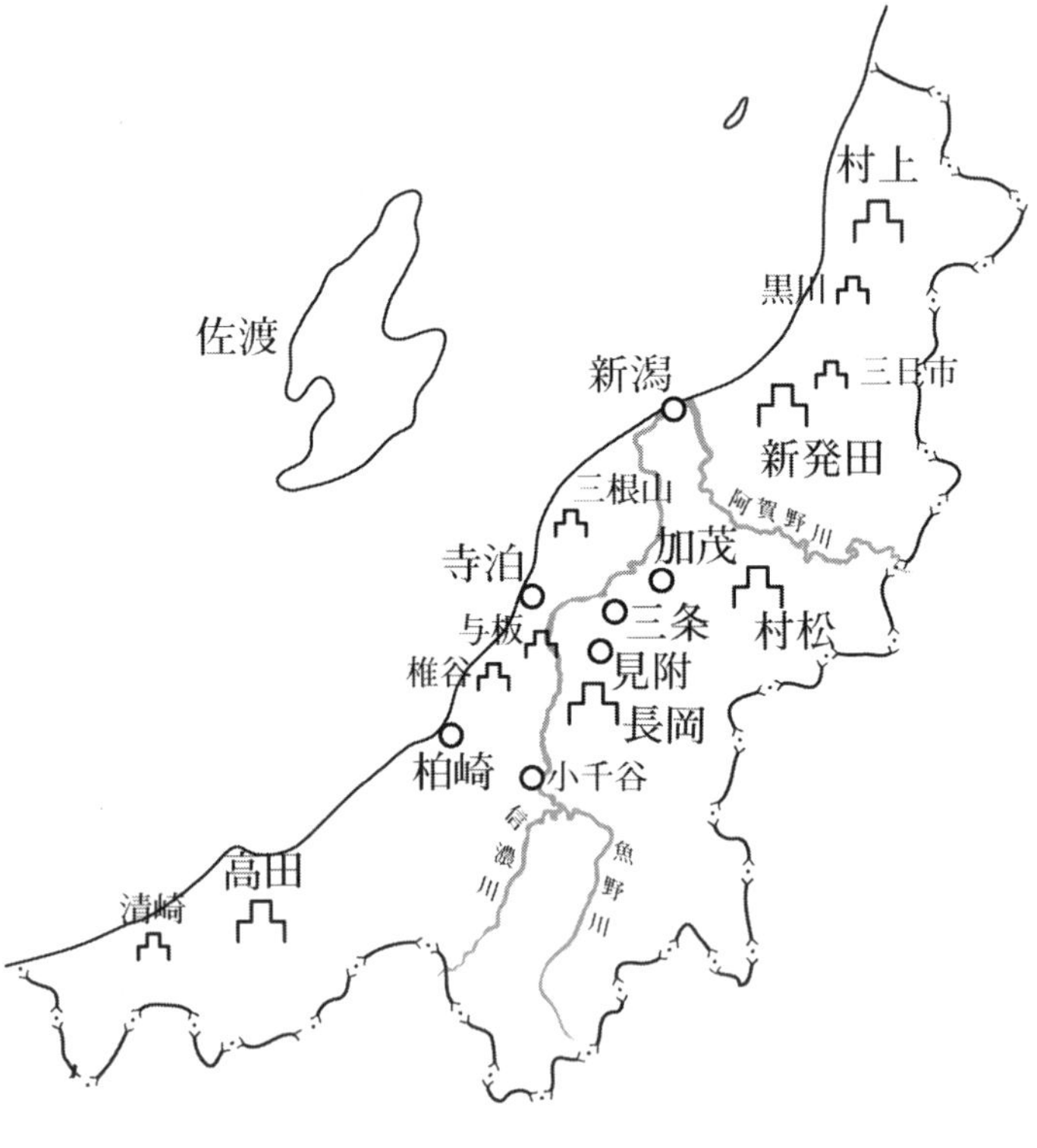
佐渡
村上
黒川
三日市
新潟
新発田
三根山
阿賀野川
寺泊
加茂
三条
村松
与板
見附
椎谷
長岡
柏崎
小千谷
信濃川
魚野川
高田
清崎

慶応四年元旦の吉凶は

青海の森に鴉《からす》がギァーと啼《な》いた。

それに伴い、一条の雪が細い滝のようにどどっと落ちて雪煙をあげた。

何も鴉が不吉な鳥ではない。むしろ、この男にとっては神聖な使いであった。勤皇の大義に凝り固まった真言宗系修験宗当山派《しゅげんしゅうとうざんは》の坊主は、森にすむ鴉を神代の八咫烏《やたがらす》の使いとしてあがめていた。

坊主の名は雛田松渓《ひなだしょうけい》という。蒲原郡青海荘《かんばらあおみ》に属する加茂の大明神社（青海神社）の神宮寺《じんぐうじ》の僧である。年齢は四十九歳。

ときは慶応四年（一八六八）元旦。修験僧のこの男は酉《とり》の刻から、祭文を詠み続けている。

神宮寺は神仏混交。神もいれば仏もいる。

とりわけ元旦の祭文は面白かった。

「青海大明神、不動明王に奉り白《もう》す。願わくば天子様が一日も早く世直しをさせたまえ」というような趣旨を読み上げるのである。

封建制のもと、幕藩体制を全く否定するような内容に、もしもほかの参詣者が同席していたら、びっくりして腰を抜かしただろう。讒訴《ざんそ》されれば、たちまち奉行所やら代官所で取り調べられたであろう。

ところが、ここ越後加茂は幕末、伊勢桑名藩十一万石のうちの一万石の越後分領、代官所もなければ陣屋もない。町の中心部に位置する曹洞宗寺院の大昌寺に桑名藩に代わって施政を行う新発田藩士が、ときおり宿泊するくらいであった。

遠い桑名から、この越後分領に役人を派遣する余裕などなかった。

何しろ、桑名侯は会津中将松平容保《かたもり》公の実弟。兄が京都守護職をすれば、弟が京都所司代職となって幕末の政局混乱の京の警備に邁進《まいしん》していたのである。

桑名侯は松平定敬《さだあき》。弱冠二十一歳。

桑名侯の松平家は、寛政の改革の松平定信《さだのぶ》の直系。定敬は尾張藩の分藩《ぶんぱん》高須藩の八男。桑名侯が若くして没したので、幼い世子に代わって、桑名藩主の座に就いた。ところが、折からの幕末動乱が、この貴公子の運命を変えた。定敬は徳川譜代の名門の誇りを持って幕末の難局に実兄と共に当たろうとした。

定敬の役割は京都の政局を安定させることにあった。越後分領加茂町のことなど眼中になかったといってよいだろう。

そこで前領主の新発田藩に加茂の施政を委任し、自らは京都に常駐し、不逞《ふてい》の勤皇志士の取り締まりに躍起になっていた。

ところが肝心の越後分領では、旧幕府勢力を転覆《てんぷく》させようと勤皇有志が活発に協議を開いていた。

その中心にいた人物が雛田松渓である。

加茂の勤皇党は上杉謙信を慕っていた

加茂の同志は会津藩を嫌ったが、米沢藩の越後介入を大いに期待していた。

会津藩は旧幕府と協同して、旧幕府側の勢力の拡大を狙っていたし、当面、旧幕府領の支配は会津藩が担うことになったから、いきおい幕藩体制時の権力を振りかざして、村役人を追い詰めることをした。

村役人、つまり庄屋・組頭（百姓代ともいった）・横目《よこめ》の村方三役、それに豪農層たちは、天皇の親政のお触れを聞いて会津藩に反発を深めた。それに越後の十一藩の大名は徳川氏恩顧の譜代大名が多かったから、いままでくすぶっていた不満が農民層に激しく表れて騒動になる一幕もあった。

『北征日史』の五月初めの頃に、

「暴民四百名蝟集《いしゅう》し、会賊《（会津藩士）》隠匿を名《（名目）》として、庄屋宅を襲い、家中を捜索して什器《じゅうき》を破壊」など、越後各地で農民の蜂起が始まったことを伝えている。

こうした騒動に期待もし、憂慮したのは、富農層である庄屋などの村役人、地主層である。彼らも、会津藩士は嫌いであったが、かつて戦国期に越後を支配した上杉氏（米沢藩）に心を寄せるものが多かった。

それに越後の士民のなかには会津嫌いが高じて、米沢藩が盟主となり、越後各藩と同盟を結べば、会津藩を越後から追い落とすことが可能になる、という企みを持つものまで現れた。新発田の大野倹三郎などはわざわざ米沢城下まで赴いて、米沢藩が越後の農民を救済してほしいと投げ文をしている。これは越後の勤皇同志が、中央の政局の事情を全く知らないで、越後の事情だけで観測した思潮であった。

二階堂保則の『風後餘草《ふうごよそう》』に、

「我、越の状態、君、既に之を審《つまびら》かにす。今にして、之を救済せざれば、我が十三藩《（十一藩）》は、悉《ことごと》く会藩《（会津藩）》籠絡術中に陥ら（せ）しこと必せり。米藩《（米沢藩）》祖宗霜台《そうだい》公（上杉謙信）の余威、越民、今に尚、之を知る。加えて、鷹山《ようざん》公、治民の風、亦《また》、皆、欽慕《きんぼ》する所なり。故に先づ警衛を名とし、多少の人数を其治下、関駅に出たし国情を視察せしめば、草莽《そうもう》の士、風を望て之に従はん。以て遂に諸藩を連衡せしめ、一朝事あるに、祖宗《（先祖）》の版土を復すること敢て難きにあらざるべし」

とあるように、上杉氏の越後再支配を要望するに至った。

王政復古の大号令

王政復古、天皇親政の報が越後に伝わると、勤皇の志士たちは色めき立った。それほど急速にその報は伝播《でんぱ》していった。

京阪から越後に情報が伝わるのは、早くて十日。普通は四十日以上だといわれている。大名飛脚や商人飛脚があったが、加茂の町の商人は、為替を利用する問屋や金貸しが多かったので、他の町より比較的情報が早く伝わった。松渓《しょうけい》は八幡屋や紅屋（小池家）、市川・皆川家などから京に激変が起こったことを知らされたのである。

金銀相場は激しく変動した。金貨が値上がりし、銀貨が下落した。米価は高騰し、町中に物乞いが増えた。加茂商人はにわかに忙しくなった。農村へ余剰米の買い付けに行く者や、下落した商品の処分をする者が出てきた。目端《めはし》の利く商人は蒲原《かんばら》にきて、米を買い漁った。長岡商人は加茂の紺友（石田友蔵）と金銀の取引をしている。

一番面白いのは古道具屋で、長岡藩士が放出した鎧《よろい》や刀槍を買い付ける者がいたが、そういった武具が加茂まで流れてきて、商人が大真面目に買い付けて着用しようとしたことだったろう。

「用心、用心」と念仏でも唱えるように、戦争が近づくことを察知した商人たちがいたのである。

なかでも、加茂は勤皇派の商人が多かったから、「天朝さまが世直しをしてくれるまでの辛抱だ」と郊外に避難する者は少なかった。

そんな加茂の町で、松渓は新しい時代を夢見ていた。そんなところに降って湧いたような事件が起きた。

鎮撫使の来越が何もかもの始まり

松渓は越後に鎮撫使《ちんぶし》が来ると聞いて驚喜した。「鎮撫使様、勅使様が夏は蒸し暑く、冬は雪深い越後にわざわざおいでくださる。同志を募り、出迎えねばならぬ」とつぶやいたその日から駆け回った。

文政二年（一八一九）生まれの松渓《しょうけい》は、もう五十歳に手がとどきそうな年齢で、若い頃、修験《しゅげん》で鍛えた体力には自信があったが、これから起こる激動に自らが耐えうるかどうか不安だった。

まず加茂新田に住む小島貞斎のところへ行った。

小島の人物像は定かでないところが多いが、遠祖は長岡在の乙吉《おとよし》城主鬼小島《おにこじま》弥太郎一忠の末孫が、代々加茂に住まいしたという。父の葵亭《きてい》の弟子で、加茂の大明神社（青海《あおみ》神社）の宮司古川舎人《とねり》の薫陶を受けたばりばりの勤皇家であった。天保六年（一八三五）生まれで若い。

「貴公、勅使様を迎えに行ってもらえまいか」

「おう、光栄だとも。早速、家業と医業をたたんで千金を得て、王事に尽くそうと思う」

「それで家族は納得するか」

「輝かしい世の中が到来しようとしているのに、家業などかまっていられようか。勤皇に尽力することが加茂人の誇り」と言い切った。

「では、勅使一行は北陸道を北上してくるから、早速、同志と出迎えに行ってくれ」

鎮撫使は朝廷が全国各地、とりわけ主要街道沿いに派遣した「王政復古につき、勤皇の誠を尽くすようにといった勅書」を各藩に通達し、新政権樹立に協力させようとするものであった。

慶応四年（一八六八）二月六日付で北陸道先鋒総督兼鎮撫使に任命されたのは、公卿の高倉永祜《ながさち》であった。ところが高倉らは最初、越後に入らず、代わりに勅使がきた。勅使は薩摩・長州藩兵を二百名ほど従えて越後各地を回り、勅書を読み聞かせた。その勅使を出迎えるために小島貞斎は、旅姿で越後を南下する。二月は春だが、まだ余寒もあり、残雪も多かった。

「松渓殿は新国家の建設に、加茂の勤皇同志を代表して尽忠《じんちゅう》してこいと送辞を申された。身命を賭《と》して王事に尽くすつもりである」と家族に決意を述べて旅立った。

小島は和納津村に至ったとき、加茂狭口出身で南蒲原《かんばら》郡安田興野の庄屋、松田秀次郎に出会う。「君も加茂の男か」と言う秀次郎。「松渓の弟子です」と言う貞斎。ともに同志となり、北陸道を進む官軍を待ち構えることになる。そして、糸魚川で勅使一行と出会った感激は生涯、忘れられないものであったらしい。

勅使は高倉三位《さんみ》の家司《けいし》、岡本監物と四条太夫の家来、小西直記が務めていた。彼ら二人は馬に乗り、前後を黒い洋式軍服に身を固めた兵が二列縦隊で行進してきた。もちろん、西洋式の新式銃を担っている。先頭には鼓笛兵がいた。

その様を見て「天兵」が越後を「よくしてくださる」と感激したのだ。

加茂勤皇党の活躍

加茂に残った雛田松渓《ひなだしょうけい》は、加茂の勤皇同志を数えはじめた。

「八幡屋の小柳春堤《しゅんてい》は、もう儂《わし》と同じで高齢で戦士にはなれぬだろう」

「小池（内広）とて、ほぼ同様」

「だが、松田秀次郎（本名、笠原辰三郎）だけは、頭領になる資質を持っている。あやつは狭口《せばぐち》村の笠原新吾の実弟じゃからな」

狭口村は加茂町から加茂川を少し遡《さかのぼ》った農村で、七谷郷の入り口のところにあった。

笠原家は代々庄屋職をしており、富農だった。子弟は父の葵亭《きてい》の代から学問を学びに通ってきている。

笠原家は屋敷周りに老杉の大樹がそびえ立っていた。だから、その屋敷の書斎が老《ろう》杉書屋《さんしょおく》と呼ばれていた。笠原家の代々は近くの長瀬神社を守り、敬神家が多かった。

幕末の笠原家の家長、新吾の実弟に辰三郎という人物がいたが、南蒲原《かんばら》郡坂井村安田興野の分家、笠原勘之助の家を継いだ。坂井村は当時、いわゆる勤皇派が輩出した中之島郷に属していた。辰三郎は勤皇を唱え、新しい国造りに参加するため、遠祖の姓である松田を名乗り、名も秀次郎と改めた。

松渓にすれば、松田秀次郎は加茂出身の勤皇党のホープであった。

この松田を中心に越後勤皇党の面々が集まり、後に結成されたグループが方義隊《ほうぎたい》だった。方義隊は、さらに居之隊《きょしたい》と名を改めるが、そこに加茂出身の勤皇志士たちが集まった。

松渓や笠原新吾、小池内広、小柳春堤らの加茂の人びとが、中心になって越後の勤皇思想をけん引し、三条の村山半牧《はんぼく》や五泉の和泉佳逸《いずみかえつ》などの文化人交流の輪ができていく。

初めは文人墨客の集まりも、やがて幕政（天下の御定法）に対する不満となり、勤皇論となった。そのなかで松渓の役割は大きいものがあった。

居之隊には入らなかったが、松渓は先述した小島貞斎という人物も高く買っていた。

小島貞斎は名乗りからすると医師だが、先祖は加茂新田を開墾し富農となっていた。小島家は加茂が新発田藩領時代には狭口の笠原、加茂新田の小島とうたわれるようになった。

貞斎は天保六年（一八三五）生まれであるから明治維新の際は働き盛りの三十三歳。名を精一郎と称していたが、のちに貞斎と改名した。

改名は精一郎が学問に興味を持ち、医術を修得したからにほかならない。長崎に遊び、産科を学び、江戸で開業し、流行のコレラの治療をしたこともあった。

ところが、加茂の生家が米穀の輸出に失敗し、家業を立て直すために加茂に帰ってきた。医業を開くが、そのかたわら勤皇に邁進《まいしん》し、いち早く運動に身を投ずる。

この小島貞斎の活躍が、越後勤皇党を注目させるものとなった。だが戊辰戦争中は、奥羽鎮撫《ちんぶ》総督の沢為量《さわためかず》に随従《ずいじゅう》し、秋田方面に転戦した。この時期には小島恒之助と変名したこともあった。

松渓は、他に、

二階堂保則　笠原右馬次　小柳龍太郎　知野省三　渡辺志馬　同策次郎

井上虎次郎　大橋勇三郎　市川理平　小柳吉郎　安達軍平　井上福次郎らの名を挙げた。

これら加茂出身の勤皇志士は、多くが居之隊に参加し、戊辰戦争を明治新政府軍側兵士として戦うが、戦後、報いられるものは少なかった。

居之隊長の松田秀次郎は戦後、弥彦神社宮司に任じられた。

松渓自身も、加茂軍議の二日目に、捕縛され幽閉されなかったら、居之隊の参謀格となって、新政府軍の前原一誠らと新国家構想の企画をしていたかもしれない。

勤皇志士は佐幕の諸藩を警戒した

王政復古の大号令は、何も封建領主に向けたばかりではなかった。雛田松渓《ひなだしょうけい》らの勤皇運動を推進している者たちへ朗報を与えた。彼らはすぐにでも王化が進み、天皇のもと、四民平等の楽土が生まれるものと信じていた。

しかし、厳然と封建領主たちが、越後を支配している。むしろ会津・桑名両藩兵、旧幕府の脱走兵たちが越後に流れ込んできて、乱暴狼藉《ろうぜき》の限りを尽くしている。これではいけない。旧勢力を越後から駆逐しなければ、楽土は生まれないと考えた。

松渓は三条の村山半牧《はんぼく》や五泉の和泉佳逸《いずみかえつ》などの同志と連携をとり、封建領主の動静を探り始めた。

越後の勤皇運動の特徴は、佐幕・倒幕といった政治体制の変革を通り越して、天皇親政の国家を期待していくものとなっていた。

絵師である村山半牧は、天皇の兵が封建領主たちを征伐しやすいように「越後全図」

の作成に取り掛かった。日頃から地理を諳《そら》んじて河川の橋梁・沼・郷倉《ごうくら》・山城の跡・関所・平野部の城郭の搦手《からめて》などを調べあげ「全図」に描いていった。

完成した越後全図は、広漠とした越後平野を如実に表し、数少ない天兵（天皇に従う兵）が征伐に来たとしても、制圧が容易でないことが歴然としていた。

「同志の加茂出身の松田秀次郎や中之島の高橋竹之介や粟生津《あおうず》の長谷川鉄之進などに預ければ、必ず役立つ。彼らは京の総督府に持参し、越後の実情を説明するに違いない」

と松渓は村山半牧の労をねぎらった。

「松渓さん、ところで天皇さんと殿さんが戦いをすれば、越後の諸大名は、どちらの方に味方をするのか」と半牧は全図を見ながら松渓に聞いた。

「では、われらで予想してみようではないか」

と松渓は筆を執って別紙に書きはじめた。

一、討つべきもの　会津・桑名藩等、反逆の陣屋・奉行所

これは、水原陣屋や酒屋町、小千谷、川浦の各旧幕府、会津藩の陣屋などが挙がった。

「そう加茂もこのなかに入るな」と松渓はぽつんと呟いた。
一、防ぐべきもの　高田・村上藩等徳川譜代大名
一、諭《さと》すべきもの　新発田・村松藩等外様大名
「外様大名は諭せば、天皇の味方になる公算が強い。問題は譜代大名がどう動くかだ。高田・村上両藩が暴徒に同調しないように先手を打っておく必要がある」
一、移すべきもの　長岡藩　奇謀《きぼう》ある大名
「長岡藩は越後に置いていたら危ない。速やかに移封して国外へ追放すべきである。彼の藩には河井継之助なる奇謀の策士がおって、必ずや風雲の渦《うず》となる。排他し封じ込めよう」

と半牧と松渓は同志の旅舎で話し合った。

「そして、朝廷軍に越後支配をしてもらうことはもちろん大切だが、なにぶん天兵の数は少ないだろう。だから、要所要所に鎮台を置いたらよかろう。さしあたって加茂などは交通の便もよく、勤皇商人が多いから軍資金も集まる」

と言って笑い合った。

「そうそう、土着の士人を登用し、兵を募ることも大切だ」

それまで、黙って聞いていた加茂町商人の小柳春堤《しゅんてい》と小池内広は深くうなずいた。

「だが、我々は老いたる身。戦闘に挺身《ていしん》できなくとも、同志の兵を募る掛《かかり》くらいになれるかもしれない」

と発言した。

鎮撫使一行を越後に戻そう

雛田《ひなだ》松渓《しょうけい》ら、越後の勤皇同志は、はなから、越後の幕藩体制を批判していた。何回かの有志会議のなかで、会津藩打倒・倒幕を越後勤皇党の目標に掲げるが、そうした理由の一つに、上杉謙信公の勤皇があった。

戦国期の謙信は上洛《じょうらく》し、天皇に会うことができ、赤誠《せきせい》を誓ったのである。だから越後の勤皇を志す者たちは、鎮撫使《ちんぶし》一行を歓迎したいと思っていた。そして、鎮撫使に越後の実状を報告し、あわよくば征討軍を導入して、越後各藩を正したいと企図していた。

ところが、慶応四年（一八六八）一月十九日、高田城下に入った鎮撫使一行は「越後はすでに鎮撫せり」と見なした。何しろ、手兵二、三百名の引率で若い高倉・四条の両公卿では譜代大名の討伐はおぼつかなかった。

「このまま北上すれば、会津藩勢力と小競り合いになる。我々の役目は天皇の親政が始まったことを皇民に知らせることである。各藩代表を招集したところ、よく承知したということだから、雪路を避け、江戸へ向かうことにする。それに服した証拠に各藩代表を引率していく」

というものであった。ちなみに長岡藩は郡方《こおりかた》の植田重兵衛が随伴した。

外様大名の溝口・堀両家は戦国大名。二家はいずれ朝廷になびく。十五万石の榊原《さかきばら》家も鎮撫使が城下に至ったところで服従。与板藩二万石は勤皇。残すは長岡の牧野、村上の内藤と一万石たらずの譜代大名。そのなかで、長岡藩七万四千余石の牧野家は幕閣で重鎮。そこをどうするかを勤皇同志一同が懸念していたところ、越後の中心部、すなわち加茂まで至らぬうちに、すり抜けて鎮撫使一行が江戸へ向かってしまったのである。
さあ大変だと同志有志は隊の結成を放棄して、越後の実情説明に赴こうとする。
まず、十名の同志が選ばれた。
五十嵐武兵衛（伊織ともいう。寺泊町出身）
外山友之輔（寺泊町出身）
野崎大内蔵《おおくら》（寺泊町の聖徳寺の住僧）
柳下安太郎（寺泊町出身）
脇屋主助（志喜武《しきむ》ともいう。中之島村大口出身）
高橋竹之介（中之島村杉之森の名主出身、変名は芳賀喜之七）
井田年之助（越後直江津の回船問屋の人、変名は小松正一郎。明治五年、二十七歳で没）
吉田省之進
小島恒之助（貞斎・加茂出身）
森山祐平
の十名である。

彼らは「このままでは会津藩に越後が蹂躪《じゅうりん》される」と、決死の覚悟で参加した。

桑名藩の本陣は大昌寺

雛田松渓《ひなだしょうけい》は松籟《しょうらい》を好んだ。

加茂山の美しい杉木立のなかに、幾本かの老松がある。そこを東風が吹き抜けると、清々《すがすが》しい松籟が耳朶《じだ》をうつ。

松渓は町に下りた。参道から外れた山道を下ると、寺があった。大昌寺という。往古のその宗は定かでないが、今は曹洞禅の古刹《こさつ》である。

大昌寺には客殿があって、貴賓《きひん》が来町すると宿陣した。ついせんだっても前桑名藩主松平定敬《さだあき》公が数十人の付き添いとともに宿陣していた。

桑名藩越後分領の柏崎陣屋や勝願寺から移り、一カ月余り、大昌寺本陣で過ごした。弱冠二十一歳の定敬公にしてみれば、兄の会津藩主松平容保《かたもり》とともに、政局に揺れる京の禁裏を守護していたが、鳥羽・伏見戦の敗戦から、どうも腰が落ちつかない。

それも、伊勢桑名の本城には帰れない。在城の家老たちが、養子を冊立《さくりつ》して、定敬は藩主の座を追われてしまった。

ただ股肱《ここう》の家臣が、定敬を擁立し、起死回生の逆転を狙っていた。

仮に、そういった家臣たちを佐幕派といおう。

彼らが加茂の町中を闊歩《かっぽ》し始めた。

「御領主様が大昌寺におわすぞ。伊勢桑名のお殿様じゃ。桑名は東海道の港町。はまぐりと金貨がいっぱいあって、両替商が多い。この加茂と同じじゃ。われらが、戦いに勝利すれば本国から、いっぱい金貨を運んできて、町を潤してやるぞ。そのために協力しろ。会津・桑名は殿様同士が兄弟。二人で間違ったご政道を正すのじゃ」

と市中の商人や豪農を説得し始めたのである。松渓は豪商ほど、その風潮に染まりやすいことを心配して、各商家を回り、「決して桑名・会津に協力するな」と説得を始めている。「青海《あおみ》の大神は必ず加茂を美しく豊かにしてくれる。それまでの我慢じゃ」と松渓は山から下りて、同盟軍兵士のなかを平気で遊説した。

大音龍太郎が松渓を訪ねてきた

慶応四年（一八六八）三月の晦日《みそか》の深夜。神宮寺《じんぐうじ》の社僧の寓居《ぐうきょ》の雨戸を叩く者があった。

ちょうどその夜は、看経《かんきん》の行と国学書の読書が終わったばかりだったので、松渓《しょうけい》は眠らずにいた。

戸をコツコツとひそやかに叩く。

さては物の怪《け》かと「誰じゃ」と雨戸を開けると商人姿の若者が立っていた。

双方で「おう」と感嘆の声を上げた。

かつて、西国遊歴の際、数日間、逗留《とうりゅう》させてもらったことのある彦根藩士大音《おおど》龍太郎であった。

招じ入れて事情を聞くと、

「拙者は東山道《とうさんどう》の総督の命を受けて、北越の賊情を探査に参ったものの、新発田・

水原を回り加茂に来て、旅籠《はたご》の保内屋に泊まったところ、ちょうど会津藩の役人が三、四名同宿していて、加茂の町役人を呼び出して、町の情勢や怪しい者がいないかと問いただした。これは危ないと思ったので、保内屋を抜け出して、かねて松渓殿が加茂の大明神社（青海《あおみ》神社）の参道下の寺にいることを教えてくれたので、参上した次第」と今までの経緯を話した。

実は大音龍太郎は新政権が東北の情勢を知るために放った偵察者であった。もとは彦根城下在の豪農の出身であったが、才があったので彦根藩士に取り立てられて、諸国の情勢を探るうちに、新政権の樹立となり、その偵察者となっていた。大音は、松渓宅に隠れたのち、関東に生還した。旧幕臣の小栗上野介忠順《おぐりこうずけのすけただまさ》が上州権田村に逼塞《ひっそく》したのに、難癖をつけて、斬首を強行させたのも、大音の功績だといわれた。その功により上州巡察使に任命され、後に岩鼻県（管轄地域は現在の群馬県・埼玉県に広く分布）知事にまで出世をしている。

大音龍太郎が会津藩兵にとがめられる経緯には、いま一説ある。

新発田藩領、萬願寺村から、新津町へ向かう途中、会津藩兵半小隊の警備線に引っかかった。

「お前、上方訛《かみがたなま》りだな、怪しい奴」

「いえ儂《わし》は加茂の大工で、長く上方に出稼ぎに行って帰る途中です」と答える龍太郎。

それでも執拗に尋問された。

「近ごろ、父が没したので、上方から帰り、本日は所用のため水原に行って帰ってきたところだ」と説明すると、ようやく解放されたという。

当時、水原町には会津藩の陣屋があり、そんな言い訳が大音を救った。

松渓のところで「かくの如き危難が身に迫っていては、使命の達成は図りがたい。よって、明日、貴公の従僕のようにみせかけて与板まで送達してはもらえないか」と言う。

義憤に駆られた松渓は、一日、逗留させた後、小池内広と小柳春堤《しゅんてい》とはかって、大音を与板城下まで送っている。

大音龍太郎のもと勤皇組織をつくる

村松藩の正義党が壊滅した。七人の犠牲者が出たことで、慄然《りつぜん》とした勤皇の同志は「共議に入り長州に援兵を乞う」（『北征日史』「毛侯に討会の挙を請わんと欲す」）と会津藩討伐を積極的に進めることにした。そして、二階堂保則の『風後餘草《ふうごよそう》』にあるように「密に若月等諸子と謀り、長州に投じ、軍艦を率ひて、新潟を襲ひ、直に若松を衝《つ》くの策を献せんとす」と同志が結盟し、長州藩の力を借りて、越後から会津藩を追い落とす計画を練った。若月とあるのは学圃《がくほ》のことで、父の文蔚《ぶんじょう》は新発田藩領五十公野《いじみの》村の出身で、早くから勤皇を唱えていた。学圃は新発田藩領中之島村の大竹英治や星野らの招きで、私塾の済美堂に招かれ、中之島の勤皇思想を養っている。若月は明治維新を見ずに世を去ったが、その過激な勤皇思想は、越後の若者に大きな影響を与えた。

提案に勤皇の同志の面々は色めきたった。

当時、彼らが根城にしていたのは、与板城下中町《なかまち》の猿屋仁兵衛という口入屋《くちいれや》だった。当主の仁平は勤皇のためには命も投げ出しかねない任俠《にんきょう》の人であった。そこで大音《おおど》の指導で居之隊《きょしたい》の前身である方義隊《ほうぎたい》が結成された。

この方義隊の結成に際して、越後各地から集まってきた勤皇同志は気概万丈。はっきりしない与板藩の姿勢を批判して「大音様の指導のもと官軍の一旗を掲げて越後における会津藩勢の駆逐を図ろう」ということになった。

早速、二階堂らは檄《げき》を越後各地に飛ばした。そのうちの何人かが南へ向かうことになった。

当初、ひそかに結盟した者は二十三名というが、松渓《しょうけい》は入っていない。だいたい結盟とあるが、いつどこで集会したのか分かっていない。たぶん、松渓は同郷加茂出身の松田秀次郎や小島貞斎に、その志を伝えたのだろう。

まさに集団で、会津討伐の思いを伝えようとしたところ、高田城下に入った鎮撫使《ちんぶし》一行は、「越後は鎮定した」として、さっさと江戸へ向かってしまった。

同志は情報を駆使して、鎮撫使一行がどこにいるかを探した。情報では、

「征東大都督府《せいとうだいととく》は静岡に設置するらしい。東山道《とうざんどう》鎮撫総督は、碓氷峠《うすい》付近。北陸道鎮撫総督は上州沼田付近、奥羽鎮撫総督は房総方面にいて江戸城を衝かん」という情報を得た。当時からいってもあまり確かなものかどうか不明だが、とにかく同志は十名が糸魚川に集まって、越後に朝廷軍の進駐の進言に向かうことになった。

糸魚川に集合した一行は、信州路から京へ向かうことになった。

途中、奥羽鎮撫へ向かう沢宣嘉《さわのぶよし》（前述の為量は父）卿の家司《けいし》近藤泉州が、一行に遭遇し「新生日本の大事は、まさに奥羽にあり。よろしく同行せよ」との指示に当惑した。そこで高橋竹之介が「会賊（会津藩）父母の国に迫る。これまた等閑《とうかん》に付すべからず」といい、十名を二つに分けて対応することに決した。

そこで五十嵐、柳下、野崎、脇屋、小島の五名は近藤に従って北行。高橋、井田、吉田、外山の四人は京都へ向かい、森山はただちに帰国し、松田秀次郎に報告することになった。

そのうち、京へ向かった高橋竹之介らは京の池村久兵衛方に落ち着いた。越後から新政府に応援に来た者がいるとのことで池村が喜んで「長州藩士八木佳平なる者が探偵となって越後に入ることになっているが、その嚮導《きょうどう》をしてほしい」と申し出があったので外山友之輔を推薦した。

越後鎮圧のため北陸道先鋒総督府軍の進発

慶応四年（一八六八）三月初め、朝廷に「会津藩の反抗が明らかになった」との報告が、上州巡察使からもたらされた。

これは会津藩兵の町野《まちの》隊が三国峠を警備しているうちに、上州側の麓にたむろした巡察使の兵と永井宿で衝突した事件が、通達されたものであった。

朝廷。特に征東大都督《せいとうだいととく》府は二条城を本拠としており、各道に鎮撫使《ちんぶし》ならびに鎮撫総督を派遣して、新しい政権の樹立を目指していたが、東海道、中仙道（東山道《とうざんどう》）、北陸道、奥羽、西海、南海、山陰などの各道の鎮撫使から、おおむね新政権に協力するという確約を得ていた。征伐せねばならぬのは、前将軍の徳川慶喜、会津中将松平容保《かたもり》をはじめとする佐幕派の賊魁《ぞっかい》であった。

そこへ「会津反抗」の報が伝わると、「すわ」とばかりに会津藩の征討を企てることになった。

朝廷および征東大都督府は京都に駐留していた薩摩・長州・佐土原の三藩兵に対し、四月十四日、会津藩征討のため北陸道を経由して進発するように命じた。翌十五日には加賀・広島の二藩兵、同十八日には長府・富山の二藩に「これから出兵準備をするように」と命じた。

総督・副総督には先に鎮撫使となって越後に進んだ高倉永祜《ながさち》と四条隆平が、それぞれ任じられた。その際、薩摩藩を代表して黒田了介（後の清隆）と長州藩を代表して山県狂介（後の有朋）が参謀に任じられた。

一方では徳川慶喜を討つための東海道先鋒総督府軍、東山道先鋒総督府軍が進発しており、北陸道先鋒総督府軍は「会津征伐」のための諸藩連合軍ということになっていた。

実は、朝廷は先の鎮撫使の報告によって、「高田藩をはじめとする越後諸藩の朝廷への服従は決定的である」と思っていた。

「越後諸藩を会津征討の先鋒として使えばよい」と考えていたくらいである。ところが、越後は会津藩兵が跳梁《ちょうりょう》していることを知り、愕然《がくぜん》とした。

急きょ、薩摩藩外城隊、長州藩奇兵隊を中心に編成された会津征伐軍は、何しろ寡《か》兵《へい》であったから行く先々で北陸の諸藩兵を合同して、越後に向かうことになり慶応四年四月二十六日に京都を出発した。

長岡城下の銘菓「越乃雪」を献上

その出陣と、ちょうど入れ替わるように入ってきた者がいる。越後勤皇党の十名のうち、三名の壮漢《そうかん》。

三名は高橋竹之介、吉田省之進、井田年之助である。

三名が京に入るのは四月二十七日の午前。この日は終日、雨が降っていた。この慶応四年（一八六八）四月二十七日こそ、越後に大戦争が勃発する重要なときであることを、三人の若者は知らなかった。

ただ、無心に会津藩の凶暴さを報告するために京に上ってきた者たちであった。

彼らはどういう伝手《つて》を頼ったかは不明だが、五条公に謁見《えっけん》を願いでた。五条公とは五条為栄《ためしげ》であるらしい。天保十三年（一八四二）生まれの長州藩に通じた勤皇派公卿で、当時、参与の位階をもらったばかりの張り切り者であった。禁門の変で罪を得て、ようやく解除されたばかりであったから、進んで三名の者たちの面接を受けた。

それに彼は同年正月の征東大将軍仁和寺宮嘉彰親王《にんなじのみやよしあきしんのう》の出陣に際し、錦旗奉行を務め、ついで中国・四国追討監軍に任じられ凱旋したばかりであった。

彼は三名の越後人が出頭してきたことを喜んだ。実は越後の実情を詳しく知りたいと思ったのだ。

三人の身なりといえば、武士の様であるが農民であることは、明白な物腰であったから、若い公卿は好感を持って接したという。

「越後における会津藩の暴虐《ぼうぎゃく》は惨状を極め、つい先頃も村松藩勤皇派藩士の七士の正義党を斬刑に処しました。そして、越後諸藩を服従させて、官軍の進撃に備えております。そのうえ越後における会津藩の所領は十五万石を超え、朝廷にご返上の旧幕府領も預《あず》り領として治め始め、農民を徴募《ちょうぼ》して、軍備の充実を図っております」と矢継ぎ早に報告した。

そして、越後三条の絵師村山半牧《はんぼく》が描いた「越後全図」を懐から取り出して、細々《こまごま》と越後諸藩の実情を説明し始めた。

これには、五条公が驚喜し、

「越後村上の内藤家はいざ知らず、越後長岡藩も徳川方か」と絶句した。情報は越後実情に乏しい公卿には新鮮で、要注意事項として映った。

「よう知らせてくれた。早速、太政官にこのことを知らせよう」

この五条公のあまりの喜びように感激した三人は、自分たちの出師《しゅっすい》の成就を覚《さと》った。そこで故郷から持参した白絹を一疋《いっぴき》と長岡城下の銘菓「越乃雪」を五条公に献上した。

「これが、かの高杉晋作が愛した越乃雪か」と五条公は、まじまじと越乃雪の菓子箱を手にとり感涙《かんるい》を流したという。

長州藩に近い親交をしていた五条公は、長州藩奇兵隊を創った高杉晋作が、臨終の際、松の盆栽に越乃雪をふりかけて一期《いちご》の人生を終えたことを知っていたのだ。

「奇兵隊は昨日、越後に向かって出陣した。越乃雪は越後長岡の御菓子、高杉もまた、喜んでおることであろう。ついては、このことを太政官に斡旋《あっせん》するゆえ言上してくれぬか」

三人はぐっと返答に困ったが、もう遅い。五条公の家人は太政官府へ向かって走り出していた。

越乃雪を献上してしまった

さあ、大変だ。虎の子の「越乃雪」は五条公に献上してしまった。だが越後全図はまだ手元にある。

そこで三人は午後、太政官府のある二条城に出頭した。

二の丸玄関には取り次ぎの西村寅《とら》太郎が待っていた。この西村が何者であるかは知られていない。

「高橋殿、吉田殿、井田殿」と親しげに話しかけられ、名刺（木札）を見せ合ったのち、早速、広間に連れていかれた。そこは先頃まで諸国の大名が詰めていた部屋だと聞いて、高橋らは恐縮した。しかし沈毅《ちんき》な三人の越後人は臆することなく入室した。そこには参与の大久保一蔵（薩摩藩士）と広沢兵助（長州藩士）の二名が待ち構えていた。高橋らは早速、越後全図を広げ、二人の参与に越後事情を説明しだした。

そこへ征東大都督府《せいとうだいととく》の参謀長ともいうべき軍務局主事の大村益次郎（長州藩士）がひょっこりと顔を出して、越後全図を見ながら高橋の説明を聞き始めた。

その大村が高橋の説明を全部聞き終わらないうちに、

「是れ興し易し。若し一要地に拠って確守せば、守者の利にして、攻むる者の大害なるも戦線三十里に亘《わた》らば、則ち攻者の利なり」と述べたという。

分かりやすくいうと「広い越後は戦争を起こしやすい土地柄だ。一つの要地を固めていれば守る方に有利だと思われがちだが、実は攻め方も戦線が三十里に及ぶ戦争では、かえって有利なものだ」

あまりにも唐突の物の言いように高橋竹之介は、反論した。高橋にしてみれば、会津藩兵を越後から追い出してもらえばいいわけで、せっかく、王土となった越後に大戦争などはもってのほかであった。相手の威も弁《わきま》えていて、異を唱えるところに竹之介の熱血な思いがあった。

「北越は大国にして、殊に山河の険《けん》多し。今日一塁を抜き、明日一川《いっせん》を渡る。斯《かく》の如くにせば、若松城に至るに、半歳を費さざるべからず。九月以降は霜、雪、山に満ち、到底西国人士の堪えざるところ、海陸夾撃《きょうげき》（挟撃）して平定の功を奏するに如《し》かず」

つまり「越後の国は広く、山河も険しい。だから戦いが始まれば、会津若松城に至るまでに半年もかかるだろう。それに九月以降は雪が降り、西国兵はその雪に悩むだろう。だから海からの攻撃と陸からの挟み撃ちを繰り返す激戦を経なければ到底、平定の功績は為さないだろう」というものであった。

この言葉に大村益次郎は、何か得るものがあったらしく、席を立つにあたって、大村は大久保、広沢の二人に「某軍艦何日、某軍艦何日」と説明していた。

越後戊辰戦争の契機

「しまった」と高橋竹之介は思った。大村益次郎の術中にはまったのではないかと疑ったのである。およそ兵法でいえば大軍が烏合《うごう》の衆であれば、小軍は拠点にこもって抵抗した方が有利である。越後平野で戦争が起きれば、肝心の会津若松城に迫るまで、越後の各所を撃破しても、到達できるのは半年後であると説明したはずであったが、大村の戦略は大軍だからこそ、有利な戦争を起こした方が良いという結論を出してしまった。

竹之介は越後が戦野になることは好まなかった。

「朝廷軍は会津藩兵を越後から追い払ってくれれば」と言いかけたときには、大村は退席してしまっている。

実は、このとき朝廷内では薩摩・長州両藩における主導権争いが激化していた。鳥羽・伏見戦以後、征東大総督府軍の主力部隊がなかなか東征できないのはそのためであった。

今日も実は薩摩の大久保一蔵と長州の広沢兵助が話し合っていたのは、どちらの藩が先鋒《せんぽう》を取るかということであり、また、他藩兵の指導をどうするかにかかっていた。どちらも意地を張り合っていたところに、越後の勤皇党が三名、飛び込んできた。その機会を捉え、軍務局主事の大村益次郎が、

「主導権はどっちだっていいじゃないか。それよりも越後で共同して戦争をする体制が急務だ。それに官軍に仕方なく随従してきた諸藩兵の旗幟《きし》を明らかにさせるには戦闘参加が一番の策だ」

と日頃から言っていた主戦論を一歩進める結果となった。

大久保は「広沢どん。一緒に功名をあげようぞ」といえば、広沢も「わが兵は奇兵隊が主力でござるから総野戦《そうやせん》は得意でござる」と先刻までのにらみ合いが、嘘のように鎮《しず》まった。

それに大村が指示した海上での軍艦は、薩摩藩は乾行《けんこう》丸、長州藩は丁卯《ていほう》丸が派遣されることに決まった。

これで、高橋らのいう陸海両面からの攻防戦の予想図が構築された。

「高橋どん。薩摩・長州はそれぞれ一艦ずつ派遣するきに心配ばするな」と言う大久保一蔵の一言で、「越後決戦」が決まった。

実戦部隊の長たちに報告

朝廷から三人は褒美として、それぞれ三十両の金子《きんす》を下賜された。それに「北越先《せん》鋒嚮導《ぼうきょうどう》」の辞令を渡され、北越道先鋒総督府軍の先導をすることになった。早速その日の暮れまでに五条公などの公卿邸に挨拶に赴いての出京だ。

京の土産を一つも買えない、あわただしい出京だった。

北陸道を北へ向かいひたすら帰国を急いだ。一塊《ひとかたまり》になって進軍していく北陸道先鋒総督府軍に、追いついては追い越していく。左肩先にヒラヒラと舞う錦の肩章が、三人を有頂天にさせた。

途中、薩摩・長州藩の部隊に出合うと、北陸道先鋒嚮導の辞令書を見せ、隊長に面会を申し込むと、ほとんどの隊長は会ってくれた。彼らとて越後の動静は知りたいのだ。

薩摩の淵辺《ふちべ》直右衛門や長州の時山直八らである。もちろん、参謀の山県狂介にも会った。

「今や越後国中には、会津・桑名の兵が跳梁跋扈《ちょうりょうばっこ》。ほしいままに徴税を管理し、人民を兵士に仕立てております。しかしながら新潟、加茂、三条、柏崎、小千谷、今町といった商人の住む町は、昔から勤皇の志の厚い者どもが住む町ならば、必ず官軍に協力する者がおりましょうから、焼かずに兵站《へいたん》地にお使いくだされればお役に立ちましょう。ただ城下町の長岡、村松は会津藩に同情する者どもでありますゆえ、必ず討伐するのが肝要かと存じます」

特に高橋竹之介は言葉を次いで、

「特に長岡藩は京都所司代職をした勤皇の志を持った藩と自称しておりますが、実際は会津藩と同様、徳川家あっての勤皇でありますれば、決してだまされてはいけません。執政の河井継之助なる者が近年、改革を唱え、軍備を充実しておりますれば、決して油断してはいけません」と述べた。

竹之介は新発田藩領中之島村杉ノ森の出身。長岡藩領と接していて水争いの絶えない土地の住人だった。近年、長岡藩が幕閣の老中職にあるのを利用して、領地の接する新発田、村上、村松、与板の各藩領との紛争に、何かと優位に立つから面白くない。そういう不満も総督府幹部に申し上げた。

ちなみに加茂人は早くから蒲原《かんばら》の湿地帯に進出し、中之島村安田興野の笠原家（後の居之隊《きょしたい》長松田秀次郎輩出）や旧越路町山本新田といった集落を形成している村があり、そういう所からも勤皇の志を持った者が現れている。

大隊旗の授与

その高橋竹之介らと違うグループが、別の行動を起こしていた。

その代表が加茂狭口《せばぐち》出身で中之島村安田興野の庄屋松田秀次郎と二階堂保則らであった。松田は本名を笠原辰三郎といい、加茂で育ち、分家の中之島村の笠原家に養子に入った人物だ。雛田松渓《ひなだしょうけい》とは師弟の関係にある。後に越後勤皇党の居之隊《きょしたい》の首領となる人物である。

彼の行動は松渓の影響をうけて、最も過激であった。

「鎮撫使《ちんぶし》一行は越後から去ってしまった。二階堂保則よ。われらは、今は暴虐《ぼうぎゃく》無尽のかぎりを尽くしている会津藩を追い払うために、官軍(朝廷軍)にすすんで越後に入ってもらい、乱暴者を排除するために直接、懇願のための行動をする」

といったものだ。

乱暴者と決めつけた会津藩兵とは正規の藩士ではない。旧幕府脱走兵の衝鋒隊《しょうほうたい》や新遊撃隊、水戸藩諸生党といった旧幕府側のなかの一部の無頼の徒を指している。

彼らは鳥羽・伏見戦後、関東平野の小競り合いにも敗れて、会津藩を頼った。そして、旧幕府領や譜代大名の預り地の多い越後に侵入してきた。軍資金に乏しい彼らは、端境期《はざかい》で農作物の貯蔵の少ない農民から強奪したのである。松田らは、その強奪行為に憤慨して、官軍(朝廷軍)の導入を図ろうとしたのである。

二階堂保則は新発田藩領五十公野《いじみの》村出身で中之島村の村医師。早くから勤皇の志が高く、王政復古で天皇の親政を喜んだ一人であった。

「身命を賭してでも従いましょう。朝廷軍が兵力がなく鎮定《ちんてい》に来られない場合には、同郷の有志を募り、武力をもって追い払いましょう」

と自衛手段を講じてもよいと発言している。

大音《おおど》の手引きで、松田秀次郎、二階堂保則らは東山道《とうざんどう》鎮撫使を追い、江戸で「大隊旗」を下賜された。参謀の山県狂介も軍監の岩村精一郎でさえも、その快挙にあぜんとした。

越後に遠征してきた前原彦太郎（一誠・長州藩士）は、師の吉田松陰が日頃、唱えていた「草莽崛起《そうもうくっき》」の者たちが新しい時代をつくると述べていたことに、越後勤皇党の行動を重ね合わせている。

越後勤皇党は越後の農民・商人から自然発生的に起こった政治運動である。そのため、征東大都督府《せいとうだいととくふ》が考えていたような賊軍を征伐しようなどとは考えていなかった。ただ越後に進入した暴力的な勢力を、朝廷軍（官軍）によって制圧してほしかっただけである。

そのため、方義隊《ほうぎたい》とその後の居之隊士は「官軍嚮導《きょうどう》」という言葉をよく使った。

その半面、薩摩・長州両藩が中心となった明治維新政府は、王政復古の大号令の後、新政府を樹立し、鎮撫使（または鎮撫総督）と先鋒《せんぽう》（または征東）総督府軍を使い分けて、都合のよい新政府勢力をつくろうとした。

真の明治維新が、吉田松陰の草莽崛起にあるとすれば、越後勤皇党はまさに真空浄水のなかで培養された明治維新であった。

後年、山県狂介は長州奇兵隊のことは自慢しても、彼の身近で戦った越後勤皇党を評価することはなかった。

その源泉は雛田松渓・小柳春堤《しゅんてい》・小池内広・松田秀次郎といった加茂の勤皇志士から流れでているのである。

そして、山県狂介らには、長岡城を落城させた後、意外な戦争の展開が待っていた。

同盟軍の加茂軍議がその始まりである。

越後勤皇党の末路

隊長様とは
名はよけれども
末は菰着《こもき》て
門《かど》に立つ

戦後、加茂の町の子どもたちが囃《はや》したてた戯歌《ざれうた》である。言うまでもなく加茂出身の越後勤皇党の面々の落魄《らくはく》ぶりを歌ったものである。

戊辰戦争中、決死の覚悟で勤皇に尽瘁《じんすい》したにもかかわらず、加茂出身の勤皇志士たちの功績は評価されなかった。

そのなかでも、雛田松渓《ひなだしょうけい》、松田秀次郎、小池内広、小島貞斎の活躍は、戦国期であれば一国一城の主になったものを、一片の紙の賞詞《しょうし》などで慰撫《いぶ》されたのみであった。

後に居之隊《きょしたい》に属した加茂勤皇党の面々は、戦後、自費で、他の勤皇志士（北辰隊、金革隊など）と第三遊軍を結成し、皇居を警護したが、何らの報償ももらえなかった。

あれほど熱望した新国家が生まれたにもかかわらず、一部の者を除いて、ほぼ全員帰農・帰商となって故郷に帰ってきた。

活動中の負債を背負う者が多く、返済に苦しんだ。

明治新政府側からみれば、越後の中心であった加茂の町は、賊軍の本営があったところくらいにしかみられていなかった。加茂軍議の開催や同盟軍の兵站《へいたん》地であったことが災いしたのである。

加茂の町には新政府の官公署が設置されることもなく放置された。そのうえ、信濃川の河川交通量がにわかに衰えた。また物資の集散地は三条町の方へ移動していった。

雛田松渓の人生

己の人生を振り返ると、雛田松渓《ひなだしょうけい》は多くの矛盾を抱えていた。まず、世襲ともいうべき神宮寺《じんぐうじ》の住職が、己の運命の明暗を分けていたことを覚ると、既存の体制を打ち崩すことに尽力しようとした。それは多分に父や加茂の大明神社（青海《あおみ》神社）の宮司古川舎人《とねり》から影響をうけた勤皇主義の胚胎《はいたい》につながった。

それは崎門《きもん》朱子学からくる潔癖感によって、勤皇の志を増長させていたし、また、自身は僧形であるのに、神宮寺という仏神に仕える社僧であることも矛盾の一つであった。それに、真言宗系当山派《とうざんは》の修験者《しゅげんしゃ》にも属し、祈祷《きとう》もし、生計を立てるという毎日に疑問を抱いていた。

松渓は父の葵亭《きてい》から学問の手ほどきをうけ、商人や農民に朱子学や国学を教えていた。松渓の生活は、世俗を超えた隠遁《いんとん》の精神にあるのではなく、むしろ民衆とともに生きる生活を歩んできたのである。

その民衆の多くが、幕末、貧苦にあえぐことになる。元来、加茂の町は産業も興り、信濃川舟運の中継地として商人も栄えてきた。新発田藩、幕府、村松藩、桑名藩といった属領地となっていても、商工業が発達し、人は穏やかで由緒の古い寺社が町のそこここにあるという京の風情に似た町並みであった。

ところが、幕末、にわかに日本の政局が変わろうとすると、加茂の町も影響を受けるようになった。まず、物価が安定しなくなった。いままで、加茂商人は比較的穏やかな人物が多かったが、少なからず悪徳商人もでてきた。

松渓は、自らの詩文集の『我為我堂詩歌集《がいがどう》』に次のように記す。ちなみに「我為我」とは我は我なりという非常に強い自我意識に支えられている。

物価　跳騰《ちょうとう》して　天に上《のぼ》らんと欲す
士農　困蔽《こんぺい》す　一年年《いちねんねん》
常平の古法　人の唱ふる無《なし》
坐して看《み》る　姦商《かんしょう》　利権を弄《もてあそ》ぶを

と「時事に感ず」と題目をつけた漢詩を詠んでいる。常平とは昔、中国で物価があまりにも上下した際、落ち着くまで物を倉のなかにしまっておき、物価を調整させようとした故事に基づいている。

さて、姦商とは誰を指しているのだろうか。少なくとも八幡屋小柳春堤《しゅんてい》など勤皇家を輩出した山林地主層を兼ねた商人でないことは確かである。米穀や金銀の両替を扱う佐幕派寄りの商人ではないか。

佐幕とは、会津・桑名といった封建の義を第一とした保守陣営である。彼らは侍の本分を守ろうとしたが、その利を食う御用商人たちもいた。そういった悪徳商人を松渓は嫌ったのである。

彼らによって、松渓は密告されて逮捕される。

宮之坊松渓の逮捕

加茂軍議の最中は、梅雨期の長雨が降っていた。そんななか、同盟軍の軍勢の加茂進駐は次第に数を増した。各寺院や大きな商家に兵員が入り込んで、町中は大騒ぎだ。夕刻、晴れた。新暦でいえば、七月十一日。初夏の太陽が久しぶりに夕雲の間から、姿を現した。

加茂町民がほっとしたつかの間。御用提灯《ちょうちん》をかざした一団が通りを駆けてきて、越前屋彦兵衛方を取り囲んだ。提灯にはいずれも三葉葵《あおい》の定紋が印《しる》されていたから「桑名様のご家来衆だ」と町民の誰もが噂した。加茂町は桑名藩の預《あず》り地であったし、現に加茂山の麓の大昌寺には二十五人の桑名藩士の役人たちが詰めていた。一時、旧藩主の松平定敬《さだあき》公がその大昌寺に一カ月ほど滞在していたこともある。

やがて、越前屋の門前に現れたのは、捕り縄で縛られた宮之坊《みやのぼう》こと、雛田松渓《ひなだしょうけい》と八幡屋小柳春堤《しゅんてい》であった。

「宮之坊が捕まったぞ」と噂はたちまち広がった。「役《えん》の行者様が何をしたというのだ」と町民は松渓を同情している。

「勤皇坊主だったことが災いしているのだろう」と町民たちは思ったが、加茂の町がそれまで勤皇一色のようなものだったから、何が起こったのか不安を感じた人たちが大勢いた。

加茂の大明神社（青海《あおみ》神社）の宮司古川茂陵《もりょう》以来の加茂の町。伝統は勤皇一色であった。それに領主様の桑名侯も勤皇だという。

加茂町民には不可解の捕縛劇であった。

松渓らが連行されていった先は、桑名藩の詰め所となっている大昌寺ではなく市川邸であった。

会津藩総督、一瀬要人《いちのせかなめ》の尋問が始まった。

「その方、大明神社の社僧にありながら、不埒《ふらち》な所業。そこに直れ。大音《おおど》なる彦根藩士を匿《かくま》い、与板へ逃がし、その一方では加茂を騒乱の巷《ちまた》と化す密謀は明らかである。ついては有体《ありてい》に謀議の中身と仲間の名を白状しろ」と責めたてた。

これに対し、松渓は、

「私は加茂、加茂の大明神社（青海神社）の社人。神宮寺《じんぐうじ》の僧をしておりますが、決して天皇の尊崇する天照大神を裏切ったことはありません。勤皇であればこそ、世は整頓されるものと信じております。大音なる彦根藩士は、北陸道巡察使として当地に参った者で、謀議など決してしておりません。与板城への道を尋ねられましたので道案内をしたまでのことです」

と堂々と陳述をした。そして、

「会津侯も桑名侯も巡察使に探られる賊徒まがいのことをしたのでしょうか」

一瀬もこれでは斬るわけにもいかず、

「桑名藩の山脇十郎左衛門に預ける」

と言い捨てて席を蹴った。

このとき以来、雛田松渓は牢獄《ろうごく》につながれることになる。松渓が出獄を許されたのは七月九日、親類や同志の小池内広などの尽力で病気保養の名目で親類預けとなった。

この日、三浦屋六郎次方へ移った松渓は牢獄から脱出できた感慨を込めて次の漢詩を詠んだ。

残躯《ざんく》、此れ従《よ》り　何の遊をか作《な》さん
見るを得たり　馬頭　角《つの》生ずる秋を
千苦万辛　能く死せず
笑ひて獄を出づる　更に風流

「馬の頭に角が生えてくる」と揶揄《やゆ》しているところが松渓らしい。

河井継之助は皆川嘉治兵衛宅に入る

長岡城落城後、河井継之助は加茂町に入ると、本陣を上町の皆川嘉治兵衛家に置いた。

その当時、主人の嘉治兵衛は没していた。その未亡人のかつ子が、孫のきみ子と暮らしていた。かつ子は当時七十九歳というから、使用人を指揮し接待したとしても、たいしたことはできなかったに違いない。むしろ、孫のきみ子が十九歳で、傲慢《ごうまん》な要求を突き付けてくる河井継之助に立ち向かった。

記録によれば、継之助は落城戦のとき、左肩に銃弾が当たったというが、その後は負傷にもかかわらず意気軒昂《けんこう》であったという。

大胆にも一気に戦線を後退させ、加茂町を巻き返しの宿陣地に定めたのには、いくつかの理由が考えられる。

『河井継之助傳《でん》』には、「交通の便が良い加茂に継之助が、同盟軍の会議所を開いた」ことになっている。

継之助は、皆川邸に入るとすぐにでも軍議を開こうとした気配がある。

一丁（約百メートル）と離れていない市川正平治《しょうへいじ》邸を訪ね、会津藩越後口総督の一瀬要人《いちのせかなめ》や軍事方藩士に面会した。そのなかに西郷・秋月・山田といった後に加茂軍議の主役になる軍事方も含まれていたはずである。

「このたびの長岡落城はまことに不本意ならば、速やかに回復し、同盟軍挙げて薩長を駆逐し、以《も》って貴藩を盟主とする臨時対策本部をつくってもらいたい」

殺気立って発言する河井は、会津藩のいままでの弱腰を衝《つ》いてきた。

「恭順をどうのこうのと、大義面《づら》をして証明しようとしても、これだけの戦《いくさ》となってしまえば、貴藩の若松城とて戦火を被ることは必定。この際、同盟軍をこの加茂に集結して、各藩の思惑で散り散りに戦っていたものを、貴藩の総指揮で反撃、勝利させるときがきたと思うが如何《いかが》か」と格上《かくうえ》の会津藩家老、越後口総督をにらんだ。

一瀬は慌てて、

「わが藩はあくまで同盟の一藩ではござらぬ。先の白石の会議では奥羽列藩は会津藩を救済するために、武力を講じて薩長の賊魁《ぞっかい》を、天子さまから除いてもらう助力だと考えての出陣。決して、臨時本陣などといったたくらみは会津藩は持ち合わせぬ」

「尊藩は、朝廷から追討をうけていながら、いまさら恭順とは何たる仕儀か。現に長岡藩は尊藩を助けるために、藩を挙げて戦い、城を失い、多くの兵士の屍《しかばね》を野にさらした。この落とし前をどうつけるのだ」と継之助は詰めよった。

そこに秋月らしい参謀が、

「よう河井君。久しぶりだな。長崎で別れて以来だから十年ぶりか」と話しかけてきた。（嫌な奴《やつ》に会ったな。秋月悌次郎《ていじろう》には長崎で観光丸に乗せてもらった借りがある。そのとき国士然とした秋月から、自分は逃げ出した）

「秋月さんが会津藩の参謀か。これは心強い。会津藩がたどってきた勤皇とやらを一番知っている貴公が、どう朝廷と戦うかが見ものだ」

「分かった河井君。明日、この会津藩の会議所で同盟各藩の代表を集め、軍議を行うことにする。手配はわれら会津藩で行う」

と日頃、穏やかな秋月は昂然《こうぜん》と言い放った。

「秋月さんよ。ここは加茂だ。桑名藩の預《あず》り地だ。同盟各藩なんて言わずに、薩摩・長州憎しという者は誰でも集めればいい」

この河井継之助の発言が翌五月二十二日の加茂軍議の開催となる。

越後戊辰戦争図

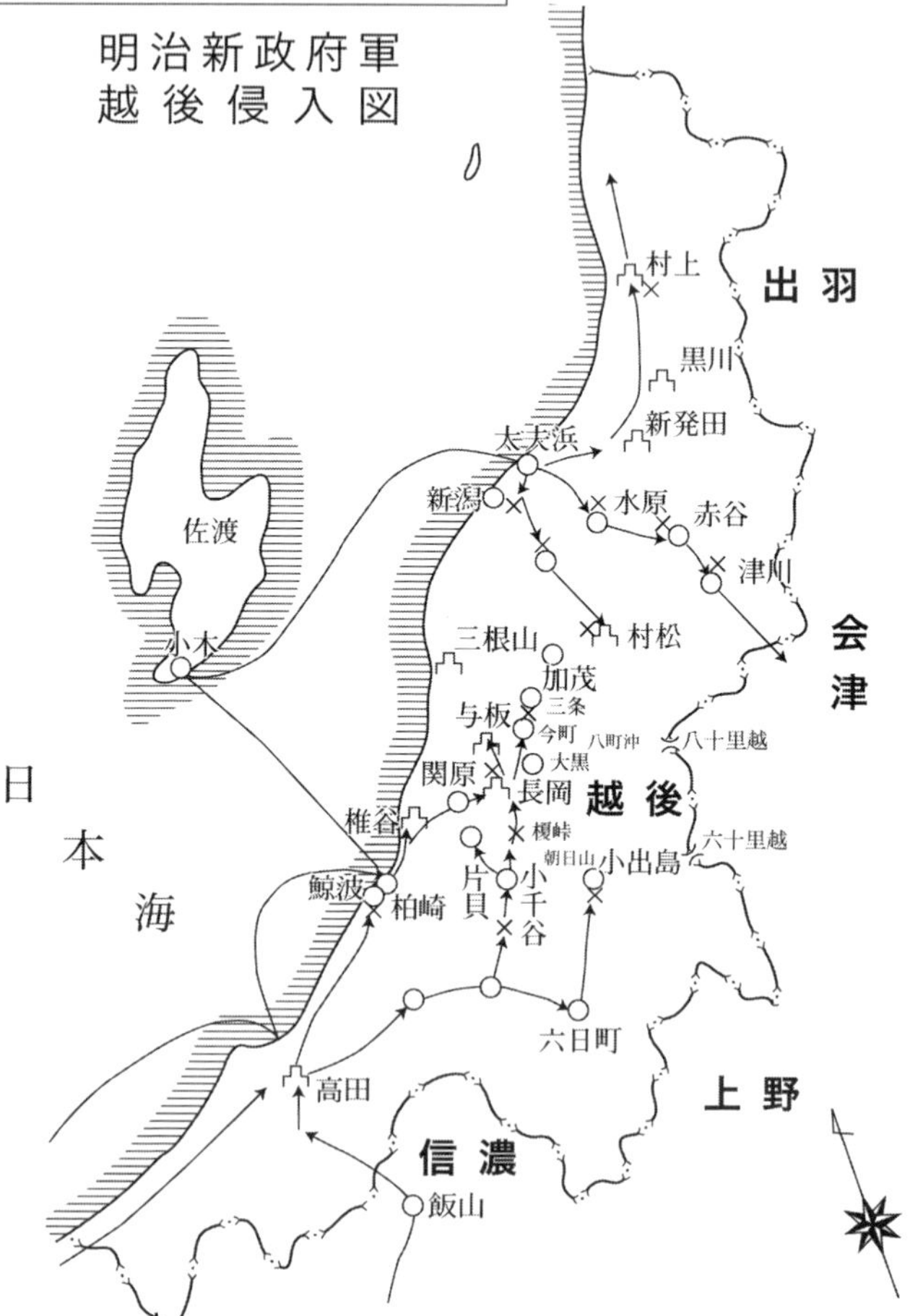
明治新政府軍
越後侵入図
村上
出羽
黒川
新発田
太夫浜
新潟
水原
赤谷
津川
佐渡
村松
会津
三根山
小木
加茂
三条
与板
今町
八町沖
八十里越
大黒
関原
長岡
越後
日
本
海
椎谷
榎峠
六十里越
朝日山
小出島
片貝
小千谷
鯨波
柏崎
六日町
上野
高田
信濃
飯山

第二章　加茂軍議

第一節　加茂軍議前夜

加茂軍議とは

越後加茂は孫子の兵法でいう衢地《くち》である。町の三方に丘陵を背負い、一方に平野が開けている。町の真ん中と開けた平野に河川があって、一見、攻め込みやすいが、丘に伏兵がおれば、その逆襲が怖い地形になっている。それに衢地の特徴である近隣の地と交流をしなければ、加茂の政治、経済は発達しない地形論が成り立つところだ。

三条市下田《しただ》（旧下田村）出身の漢学者諸橋轍次《てつじ》博士の『大漢和辞典』に、衢地を「四通八達の地」と説明している。つまり交通の要衝だという。しかし、加茂は油商人が秤《はかり》売りをするような雰囲気が町にはある。そういった時代のたたずまいを加茂の歴史は持っている。意味深な表現だが、機会を捉え加茂を訪れれば、その意味が分かろう。

戊辰戦争の頃、すなわち西暦一八六八年の国内戦争において、奥羽越列藩同盟軍が本営を加茂に置いた。

戊辰戦争は奇妙な戦争だった。甲冑《かっちゅう》武者が槍を携えて馬に乗って戦場に現れ、また、その一方では西洋製の連発銃を携えた洋装の軍服を一様に着用し、数十人が一隊を成して銃撃戦を展開するといった光景も見られた。

その戦いは、朝廷をいただく薩摩、長州藩を代表とする新政府軍と、旧幕府の徳川氏や会津藩主を助けようとする奥羽越列藩同盟軍が、日本各地で激突したことにあった。越後での戦いでは、政府軍のなかには尾張藩や徳川家の譜代大名も入っていたし、同盟軍のなかには奥羽、越後以外から自主的に同盟軍に加わった者がいた。

全国各地で戦いは行われたが、越後での激戦を、この書では越後戊辰戦争と名付けよう。

ただ、その戦いは、結果からいえば政府軍の勝利に終わり、明治の御世に移っていくわけであるが、実際は戦争がもたらした災禍は、その後の日本近代化に大きな影響をもたらすものとなった。

当初、越後加茂に同盟軍の軍議所を置いたのは、会津藩であり、後に米沢藩の諸将であるが、隠然たるリーダーは越後長岡藩家老の河井継之助秋義《あきよし》であった。

その河井継之助が立てた戦略構想は奥羽越列藩同盟軍の勝利であった。その本営は越後加茂にあり、越後での戦いの勝利の目標を、長岡城の奪還・新生日本の樹立においたことであった。

その基点もまた加茂にあり、同盟軍の実力諸将が集合した軍議にあった。

軍議は諸藩連合が戦うにあたり、もっとも有効な連絡会議であったが、加茂軍議は会津、桑名両藩と河井継之助の仕掛けによって、政府軍が予知できなかった展開となっていった。

その昔、青海首《あおみのおびと》が、また加茂次郎義綱が加茂の地を本拠にした理由が戊辰戦争史を通してよく分かる。孫子の兵法、そのものは日本に平安時代の末期に伝わったと、もののの本にあるが、古代加茂人は加茂の地形を巧みに使い、町造りをしてきた。攻めるに適正な地の加茂を選び青海大神を勧請《かんじょう》したのである。

聞くところによると加茂商工会議所は加茂軍議を町おこしの一つに提案している。

町の発展は「攻める地形」を利用して産業を発達させるべきものだとすれば、加茂軍議は、その例として大いに参考になるものだろう。惜しむらくは軍議は半ば成功し、知謀の持ち主の負傷と死によって、その壮図は実現できなかったが、その検証は必ずや町の発展に寄与しうるものだと信じている。

加茂は孫子の兵法の「衢地篇」第十一にある「衢地なれば、則ち交を合し」とあるごとく外交をうまくやらねばならぬものだと信じている。

その軍議の模様を紹介してみよう。

加茂が同盟軍の軍議所となった

米沢藩参謀甘粕備後《あまかすびんご》継成《つぐなり》は、加茂の地形を次のように説明している。

「加茂駅は西南、山を負ひ　東北、川を帯ひ、上条と言ふ村を連ねて、市街、東西に長き事、凡二十町余也。西之方、半里余にして、信濃川に接し、又、東の方、山を超へて一里余にして、黒水宿《くろみず》に至る。信濃川は与板より、夜中、舟を下せば、一夜にして加茂に至る」

いつでも各方向へ兵を派出しやすい要衝とは加茂のことをいうのだろう。

越後戊辰戦争が始まる前、その加茂が軍事上の要衝だと発見したのは、水戸藩脱走の諸生党《しょせいとう》が最初であったらしい。諸生党は佐幕に属した。それは水戸藩の内訌《ないこう》上、致し方のないことで、できたら水戸藩天狗党の追及をかわし、新政府軍と同盟軍の戦闘には関わらず、越後の戦野に隠れていたいと思った。

『美々袋《みみぶくろ》』に（慶応四年五月八日）「水戸五十人計《ばかり》。加も（茂）之継立《つぎたて》候」とあり、五十人くらいの諸生党隊士が、地蔵堂から三条まで一緒にきた桑名・会津藩兵と別れ、加茂へ向かったことを記している。

しかし、諸生党五十余名が加茂のどこに宿陣したかは記録がないので不明だ。おそらく、桑名藩兵の名をかたり、大昌寺に寄宿していたのではないかと推測される。

つぎに会津藩兵だ。『会津戊辰戦史』に（五月十七日）「我が藩の重臣西郷勇左衛門（近潔《ちかきよ》）軍事奉行添役《そえやく》秋月悌次郎《ていじろう》（胤永《たねなが》）（中略）我が兵は与板口を守り、米沢の兵は加茂方面を守る。次いで我が藩、米沢の諸将は更に兵を進め、此の日を以て加茂に入る」

とある。

奥羽越列藩同盟軍の諸藩兵が本格的に加茂の町に入ったのは、五月十七日で、市川正平治《しょうへいじ》邸などの主要な町人の建物、寺院に宿陣をしたものであろう。

このとき、後に加茂軍議の仮議長になるべき会津藩越後口総督一瀬要人《いちのせかなめ》は長岡城下の北はずれにある蔵王権現社（金峯神社）の本堂に駐屯している。十八日に信濃川対岸の新政府軍陣地から飛来した大砲の弾が境内の欅《けやき》の大樹に当たったことが会津藩の「林忠蔵軍務調書」に記されている。

その同日、やはり会津藩の記録の「旧記輯録《しゅうろく》」に新津町から会津藩青龍《せいりゅう》三番士中組が加茂町の田中屋に宿陣したことを記している。

青龍三番組は、太鼓を鳴らして入町したらしく、町民が驚いた。また、新津から加茂の町に入る途中、百数十年来の洪水の様子を見聞し、加茂町近村の家々が水波に浮かんでいることを見ている。

河井継之助の人となりと加茂の蘭方医森田専庵

継之助は長岡藩士河井家の家禄《かろく》百二十石の嗣子《しし》として生まれ、藩校崇徳館《そうとくかん》を経て、二十六歳のとき江戸遊学を果たし、江戸の儒者古賀謹一郎の久敬舎《きゅうけいしゃ》に入っている。久敬舎は、西国遊学の前後を含めて三度以上入塾しているが、後に幕府の蕃書調所《ばんしょしらべしょ》の頭取となった古賀謹一郎の開明的な思想から受けた影響が強い。継之助はこの久敬舎時代と西国遊歴の際、会津藩の秋月悌次郎《ていじろう》と交友を深めている。

継之助は自ら陽明学を進んで学び「経世済民」と「知行合一」を第一義とした。継之助の半生は排斥と登用が頻繁で、自ら信ずるもののためには屈しない精神の持ち主であった。そのため先師や傍輩《ほうばい》、上司と衝突することも多く、成長過程においては問題児とされることが多かった。

特に十代藩主牧野忠雅《ただまさ》と十一代忠恭《ただゆき》の信任が厚く、抜擢《ばってき》されて藩政改革を断行した。そのため、戊辰戦争時の藩庫は三か年半の期間で潤沢となり、戊辰戦争の開戦時に十一万両の蓄財があった。それらが軍資金となり、越後戊辰戦争を戦い抜くことができた。

加茂の蘭方医《らんぽうい》森田専庵と河井継之助は、旧知の間柄であったことが最近分かってきた。長岡市内の旧家で森田専庵宛ての河井継之助の書状が見つかったのである。

専庵は養父の森田千庵の養子だが、実は市川正平治《しょうへいじ》の実弟健三郎が号を越庵・仙庵・専庵と称した。健三郎は謙三郎と書くものがあるが、医家森田家九代目の当主で越後の名だたる蘭方医で、しかも資産家であった。専庵は文政五年（一八二二）生まれで継之助より五歳年上。

一方、加茂町の大庄屋を務めていた市川家も近隣に聞こえるほどの資産家であった。幕末の頃の当主市川正平治は、文化十三年（一八一六）九月に生まれ、明治五年（一八七二）に没している。なお、正平治の父正太郎は森田家の長男。つまり森田家を嗣《つ》いだ千庵の実兄が市川家に養子に入っている。戊辰戦争時は五十二歳の分別盛りである。その五年後に没するので、自邸が奥羽越列藩同盟軍の本営になったため、その心労がたたったのかもしれない。

その市川家は数代にわたり、森田家と養子、嫁などの行き来があって、もっとも親密な間柄にあった。

市川家では代々、加茂の町の庄屋であると同時に隣接する下条《げじょう》西村と東村の庄屋もしており、三日市《みっかいち》藩一万石（藩主柳沢弾正少弼《だんじょうしょうひつ》）の御用を務めていた。三日市藩は後に越後口戦線の一翼を担っている。市川家は庄屋職を引き受け、幕末の頃には桑名藩の御用も務めている。同時に加茂の特産である「建具」「蒟蒻《こんにゃく》」などを扱う商人でもあった。しかし、その販路は関東圏が多く、その資産を金銭ルートでいえば金貨で扱うことが多かった。

その頃、越後の商家は産物を北前船《きたまえぶね》で京阪に運ぶため、代金決済を銀貨で行うものが多かった。

幕末、金貨の需要がにわかに高まり、加茂の町に銀貨を持ち込み、金貨に両替したため、その差益で市川家の資産はうなぎ上りとなった。

森田専庵は長岡町の洋方医小村英庵と親密な間柄であった。英庵は長岡商人の薬種商の出身で蘭方医であった。おそらく江戸の宇田川榕庵《ようあん》（美作《みまさか》津山出身）に修業に行った際、互いに知り合ったものであろうが、英庵を通じて森田専庵・市川正平治と河井継之助は、戊辰戦争以前から知り合いだった可能性が高い。

加茂町と隣接する上条村の商人は、金・銀貨の相場に関心が高かったという。継之助が新潟町に出張する際、加茂に立ち寄っている。そうすると長岡落城直後、藩主家族を八十里越で会津へ逃走させた後、城の奪還を目指す継之助の胸中には商都加茂町と市川正平治・森田専庵が心に浮かび、藩兵の加茂集合を求めたことにつながる。

加茂は桑名藩の預り領

加茂は弘化四年（一八四七）一月に幕府領から桑名藩の預《あず》り地《か》となった。しかし、近辺の村や町には会津藩と村松、新発田の両藩の領地が点々とあった。

そうした加茂商人と会津藩の役人は信濃川舟運を通じて交誼《こうぎ》があった。また、会津侯の松平容保《かたもり》と桑名侯松平定敬《さだあき》が兄弟であったこともあって、会津藩は加茂を属領の一部と思っていたようだ。

越後出兵に当たっても、加茂の重要なところ、たとえば加茂町の大庄屋市川正平《しょうへい》治《じ》邸をいち早く本陣にしたのも会津藩であった。

長岡落城の後、榎《えのき》峠、朝日山などの戦線に展開していた会津藩兵は、険しい八十里越を越えて帰国するよりも、加茂でいったん、休息をした後、阿賀路を通って帰国しようとしていた。

長岡落城後、会津藩兵たちは妙見、榎峠方面から東山山麓伝いに長岡藩兵と一緒に退却行を始めている。

ところが長岡藩兵が栃尾町まで移動してきた際に、ちょっとした別れがあった。長岡藩兵は八十里越へ、会津藩兵は加茂へというふうに別れることになった。長岡藩兵には妻子など女性も一緒だった。どちらをとるか躊躇《ちゅうちょ》しているものが多かった。

実は長岡藩兵の多くは、故郷を捨てる気にはなれなかった。むしろ昂然《こうぜん》と再起を心中、期す者が多かった。

たとえば長岡藩士森一馬は「予が意（越後にとどまって戦うこと）に随《よ》しとするならば、この地に止《とど》まれ。公に従う（会津へ行くこと）も忠、予に従うも、また忠なり」と部下の兵に、落人となって主君とともに会津に去ることよりも、越後に踏みとどまって戦うことを促したという。

多くの長岡藩兵はこれらの隊長の訓示を聞いて発奮し、越後戦線にとどまることになった。

はじめに奥羽越列藩同盟があった

東軍側諸藩が明治新政府軍に対抗の依《よ》り代《しろ》とした同盟が「奥羽越列藩同盟」である。慶応四年（一八六八）閏《うるう》四月二十三日に奥州白石城下で奥羽列藩が集議して「奥羽列藩同盟」が成立した。その後越後六藩（新発田・長岡・村上・村松・黒川・三根山）が加盟した「奥羽越列藩同盟」の成立については年月日不明な点が多い。たとえば新発田藩などは同年五月十五日付で新政府軍に会津藩を救うよう哀訴《あいそ》状を差し出し、『加茂市史年表』では同月十七日に同盟に加盟したことになっている。

『仙台戊辰史』によれば、長岡藩軍事総督の河井継之助と東山道《とうざんどう》先鋒総督府軍監の岩村精一郎が、小千谷町（現・小千谷市）の慈眼寺で会談をした慶応四年五月二日の翌日をもって、奥羽越列藩同盟の成立だとしている。このように結盟月日がまちまちなのは越後の各藩代表が一堂に会して同盟の約を結んだものではなかったからである。

また、すでに越後の戊辰戦争は越後各地に飛び火していた。会津・桑名両藩を中心とする東軍側各藩は、各地で軍議を開いているが、連絡協議程度のもので、戦略論を話し合うようなものではなかった。

加茂軍議以前、たとえば越後の水原や酒屋で、会津藩中心の軍議が開かれているが、いずれも、守備分担を決める程度のものであった。

長岡藩も政府軍・同盟軍のいずれに属するかは、小千谷談判直前まで決定していない。しかも、奥羽列藩同盟に参加しようという議論が藩論になった形跡もない。だが五月十日に長岡藩が開戦し、同月十九日の長岡落城の後、様相が大きく変化していく。

会津藩の『七年史』や『河井継之助傳《でん》』に次の記事がある。「五月二十二日、是より先、奥羽越の同盟成り、我が藩は白河口を督し、仙台は磐城《いわき》口を督し、荘内は専ら秋田口に当り、上杉駿河守（米沢）出て越後方面の総督たり」とある。上杉氏が駿河守を名乗っていたかどうかは別にして、奥羽越列藩同盟は加茂軍議では、もう結盟済みで、米沢藩は故地《こち》で越後口の総督をしていたことが明白である。

なお「我が藩」とあるのは会津藩を指す。戦争は会津藩の事情で進捗《しんちょく》していた。すなわち「加茂軍議」の初日、五月二十二日をもって「奥羽越の同盟成り」と『七年史』が記している。『七年史』が何を根拠に結盟の期日を五月二十二日としたかはうかがい知れないが、加茂軍議の開催日以外、考えられる事項がないことも確かに事実である。

この『七年史』によれば加茂軍議こそ奥羽越列藩同盟の初めての軍議だと記している。

奥羽越列藩同盟の本拠地加茂

同年五月十七日、越後水原において、会津・庄内・米沢の各藩代表が奥羽列藩同盟の約に従って、越後戦線防衛の地割りを決めている。同盟の根幹となった四藩のうち仙台藩の到着が遅れており、庄内藩は柏崎に通ずる海道、会津藩は越後平野の要衝与板口、米沢藩は越後山脈の麓の加茂方面を守ることを決定した。そのため、ようやく加茂軍議前日の五月二十一日の朝に至り、米沢藩の大隊長中条豊前《ぶぜん》、軍監高山与太郎らが率いた米沢藩兵が加茂に入った。

実は、加茂の町には会津・桑名藩が、それ以前に入っており、同盟側の兵站《へいたん》地となりつつあった。町の主な寺院には、会津・桑名両藩兵が充満し、糧秣《りょうまつ》や武器・弾薬を加茂商人を通じて集積させていた。

そこに米沢藩兵が入り、水原会議の約により、町の中心の市川正平治《しょうへいじ》邸に入り、本営としたのである。そのことは、とどのつまり、米沢藩単独の本営ではなく奥羽越列藩同盟軍の本営の設置へつながっていくのである。それはまた以前から、市川正平治邸が東北の雄藩である会津藩の本営であったからでもある。

会津藩側の記録『七年史』は「此の日（五月二十二日）我が加茂の本営に会して軍議をなす。会する者（中略）爾後《じご》、列藩の諸将、日々、会して謀議するに決せり」とある。すなわち、加茂本営が奥羽越列藩同盟の盟約列藩の会議所となったのである。

謀議とは穏やかな言葉ではないが、列藩同盟の各藩が集まって作戦会議を開くものであった。

それはまた、越後各藩の加盟を促すものでもあった。新発田・村上藩などには早速、使いが出され、加茂本営への出兵が要請された。

そのような形に持っていったのは、長岡藩の河井継之助であった。『明治戊辰戦争越後口病院の変遷』（蒲原宏著）にも「謀将河井継之助は敗残の兵をまとめ、五月二十日濁沢、半蔵金《はんぞうがね》を経て、栃尾の東方約三里の葎谷《むぐらだに》に退き、会津、桑名の諸将と合談のうえ、桑名藩の所領加茂をもって、長岡奪還の根拠地とした」とあることから、同盟軍の協同戦線の本拠地となった。

長岡城の落城から加茂軍議は始まっている

長岡落城は慶応四年（一八六八）五月十九日早朝であった。長州藩奇兵隊を率いた三好軍太郎・堀潜太郎らが、勇敢にも、洪水で暴漲《ぼうちょう》している信濃川を渡河して、長岡

越後戊辰戦争図

奥羽越列藩同盟軍
加茂集結図

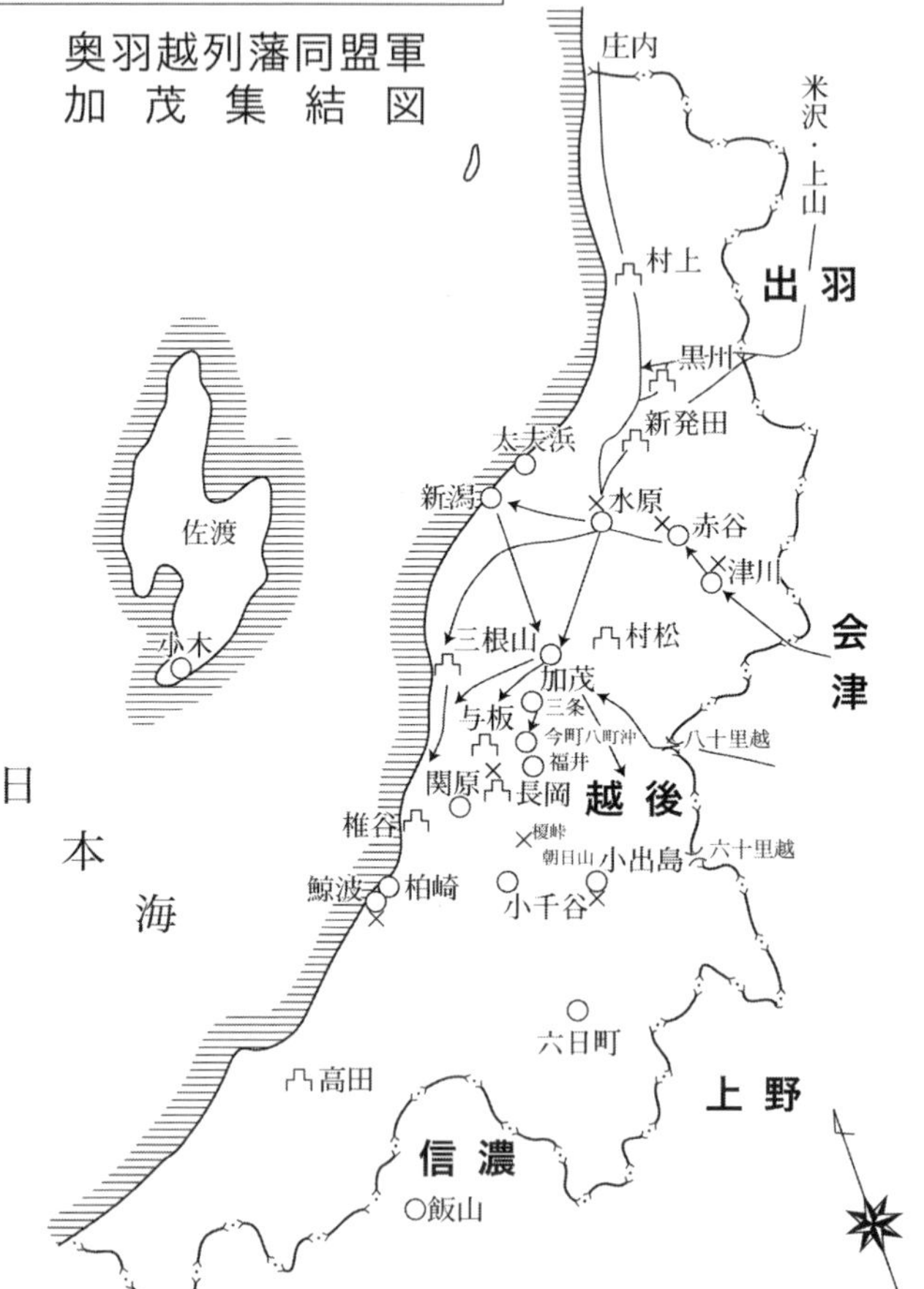

城の腹背を狙った。思わぬ奇襲に長岡城下は混乱して、あえなく長岡城は落城した。長岡藩総督河井継之助が率いる長岡藩兵は、緒戦に藩境の南端、榎《えのき》峠、朝日山で有利な戦いをすすめていたが、決して長岡城の横を流沱《りゅうだ》する信濃川の防衛を忘れたわけではなかった。ただ三里になんなんとする防衛線に、小藩の長岡勢としては大隊長牧野頼母《たのも》（別名図書）をはじめとする六百名の兵士を割くことがやっとであった。

ただ榎峠、朝日山戦が膠着《こうちゃく》していた。主力はそこにいた。奥羽越列藩同盟軍の諸藩兵が応援に来れば、手薄な信濃川沿岸に配置することができると考えていた。

「広大な越後平野の決戦は水攻め、火攻めの戦いになるだろう」という観測は、開戦前から河井継之助の作戦計画にあった。水利を知り尽くした長岡藩兵が船を操って、新政府軍の後方に火を放ち、攪乱《かくらん》すれば、必ず勝利は同盟軍のものとなることを確信していたのである。

それに慶応四年の五月は近来まれなる洪水が越後を襲い、信濃川は暴水が渦巻き、渡河どころではなかった。それに対岸（西岸）の船は長岡藩兵によっておよそ東岸に回収されていたから、よもや洪水の大河を新政府軍が渡ってくるとは思われなかった。

　ところが、榎峠・朝日山の戦いが思うように進捗《しんちょく》しないことに、業を煮やした奇兵隊幹部の三好軍太郎や堀潜太郎が、参謀山県狂介（有朋）の懸念を振り払って強行渡河した。

　五月十九日午前四時、折からの濃霧が幸いした。七艘《そう》の小舟に乗り組んだ奇兵隊決死の兵二百名たらずが、舟底にはいつくばって、櫓《ろ》も漕《こ》がず暴漲の大河へ乗り出した。濁流にまかせて対岸へ渡ろうというのである。

　右岸を防衛している長岡藩兵もまさか、そんな悪条件のなか、渡河してくるとは思わなかった。それに奥羽越列藩同盟軍のなかで、いちはやく長岡藩の応援に駆けつけた村松藩が城下の正覚寺などに宿陣し、やがて信濃川沿岸に配備される手はずになっていた。

　ただ、長岡藩には、村松藩兵の動向をよく知らされていなかった。

　それににわかに上陸してきた長州藩奇兵隊が、むやみに鉄砲をぶっ放して、長岡城に迫った。村松藩兵もただちに出動し、銃声の聞こえる濃霧の先に向かって銃火を開いた。

その間に位置していた長岡藩兵は「すわ、村松藩の裏切りだ」と連呼して退却したのである。

河井継之助は南方戦線の前進基地である摂田屋村の本陣から駆けつけてきたが、総崩れとなった長岡藩兵をついに支えることができなかった。

長岡城はたった一日で落城してしまった。その大きな理由の一つに、長岡藩兵が思い込んでしまった「村松藩の裏切り」がある。

このことが三日後の加茂軍議に大きな影を及ぼすことになる。

加茂へ転陣し、再起を期す

長岡落城後、敗走途中の森立峠《もったて》で藩主以下多くの家臣家族が眼下に見える城と城下の火災を眺めたが、その際、継之助は退却先をどこにするか迷ったと思われる。なにしろ、長岡落城は想定外のことであり、自信家の継之助には長岡藩兵が落人となることなど考えも及ばなかった。

しかし、現実は落城の憂き目を見ることになった。落城の際、長岡城を守った家老で大隊長の牧野頼母《たのも》は、「藩主家族を逃がし、軍資金を馬に積み込んでから」退城している。多くの藩兵は城を枕に討ち死にを覚悟で入城したが、主将のいない城の守りを放棄して退城した。目指すは蒼柴《あおし》大明神社（現在の蒼柴神社）で、その後は会津方面だったのである。

河井継之助自身、大手門前にガトリング砲を据えて、自ら操作して、新政府軍を迎え撃ったことが『衝鉾隊戦史《しょうほうたいせんし》』に記されている。その際、左肩を射抜かれて、城に入ったところ、藩兵が全くいなくなっていたことに愕然《がくぜん》とした。あれほど勇猛を誇った長岡藩兵も、いったん敗れると案外もろいものだということを覚った。その悔しさは「村松藩の裏切りさえなければ」という怒りに変わっていった。

ようやく主だった長岡藩兵の一行に継之助が追いついたのは、会津へ向かう途中の森立峠の頂上だった。御殿場《ごてんば》と名づけられた平らな場所に、藩主家族と主だった家臣たちがいた。

彼らは一様に、眼下の燃えさかる長岡城を眺めて涙を流していた。ご老公の牧野忠《ただ》恭《ゆき》と側室、主君十二代藩主牧野忠訓《ただくに》と正室つね姫。それに十代藩主忠雅《ただまさ》の室の鏡心院がいた。その傍らには十歳で後に再興長岡藩主となる鋭橘《えいきつ》（忠毅《ただかつ》）もいた。そのほか、牧野家の女性、家臣の女性や子どもも大勢いたのである。従う兵はおよそ六百余名。落城で戦死したものも少なからずいたが、榎《えのき》峠、朝日山の前線に展開する長岡藩兵は無傷に近く、その場にはいない。このまま、会津へ逃れて会津藩の傘下に入るのも悔しい。

そこで河井継之助の心に浮かんだ所が「加茂」であった。長岡藩の再起を加茂で図ろうというのである。早速、主だった家臣を集め協議した。牧野頼母大隊長は「このまま会津に落ちる」ことを主張したが、継之助はいったん、兵を蒲原《かんばら》の加茂に集めることを主張した。

その場に居合わせた会津藩幹部は長岡藩の軍資金の多さに目を見張り「会津行き」を勧めた。結局、藩主家族一行と二コ小隊はそのまま会津へ向かうことになり、残りの兵はすべて、加茂へ行き陣容を立て直すことになった。

加茂の風俗は淳朴

長岡落城の五月十九日が曇のち雨の天候。その日の夜は雨が降りやまず、落人は暗闇のなか、雨に身を打たれながら加茂を目指して落ちていった。

翌二十日も朝から雨。次第に大雨となって山間を行く落人の足に泥がからまった。ともすると滑ったり、ぬかったりして体力を奪った。多くの兵は、ほとんど前夜は眠ることができず、疲労困憊《こんぱい》の状況であったという。

そんななか長岡藩をはじめとする会津、桑名両藩、旧幕府敗走兵の衝鋒隊《しょうほうたい》、そしてその後ろを長岡藩の女性と子どもたちが、加茂を目指して続く。

加茂は桑名藩の預《あず》か り領である。

長岡藩士で河井継之助の特命で兵站《へいたん》を担当した鬼頭平四郎が自らの『自叙傳《でん》』で次のように加茂を紹介している。

「加茂町は桑名侯の預り地にして、楽翁の余教《よきょう》いまだ絶えず、風俗淳朴《じゅんぼく》にして信あり。地形、山を負い、川を帯び、舟運の利、新潟に通ず。まことに用兵のところたり」とある。

楽翁とは寛政の改革を行った奥州白河の城主松平定信《さだのぶ》のことである。幕閣で重きをなし老中筆頭を務め、田沼意次《おきつぐ》時代の奢侈《しゃし》や賄賂政治を改めた名君である。

加茂は定信の時代には、その属領となってはいないが、松平定信の家系が伊勢の桑名へ移り、幕末、加茂は桑名藩の預り地となった。

松平定信は財政改革もさることながら、士風の刷新と学問を奨励したことで知られている。そのため、加茂は民間も学問が盛んで、風俗淳朴だと表現されたのだろう。

そして、何よりも「舟運の利」を鬼頭平四郎は説いている。この鬼頭は河井継之助の代理として、プロシャ人で武器商人のエドワード・スネルとの折衝担当となっている。

鬼頭平四郎は別名を少山と号し、継之助の藩財政改革に加わった禄高四十石の軽輩であったが、とにかく切れ者であった。

翌五月二十一日は天候が晴れた。そんななか、泥まみれの兵たちは山間を抜けて夕刻、加茂に入っている。

その次の日の二十二日は、現在の暦にすると七月十一日。まだ梅雨の明けきらぬ、じとじとした暑さが満ちていたという。

会津藩の軍議所が列藩軍議所に

越後水原（阿賀野市）は、会津藩の陣屋があり、奥羽越列藩同盟軍の諸藩兵が集結しやすいところであったから、同盟軍が軍議所とするところとしては、もっとも条件が良かった。

ところが、越後の魚沼・刈羽で戦争が始まると、加茂が俄然《がぜん》、注目されだしたのである。初め、加茂はそう重要だとは思われていなかったらしい。その証拠に会津藩越後口総督の一瀬要人《いちのせかなめ》が、最初に加茂に入ったのは、慶応四年（一八六八）閏《うるう》四月二十日のことであった。越後水原から長岡へ行く途中会津藩兵を引率して、加茂に一泊したものであったが、そのときは、よもや加茂の町が後に奥羽越列藩同盟軍の物資や兵員の集積地になるとは思わなかった。一瀬が一時にせよ加茂に入ると会津藩付属の新参不逞浪士の溜《た》まり場となったらしい。

そういった浪士たちは、初め加茂の市街に入らず、付近の村々に分散止宿していた。たとえば、旧幕府脱走の坂本平弥が率いる新遊撃隊は、郊外の加茂新田に駐留した。閏四月二十五日、ようやく、二十人ばかりの兵が三条へ向かって出兵していった。彼らは、各地で乱暴狼藉《ろうぜき》をはたらき鼻つまみ者であったが、その総兵力は二百名以上に達していた。

旧幕府脱走の衝鋒隊《しょうほうたい》は、その頃二隊に分かれて越後に駐屯していた。長岡落城の五月十九日、加茂に衝鋒隊の一部三コ小隊が入町している。

三コ小隊であるとするとフランス兵制の重歩兵編制だと三百名くらい、軽歩兵だと百五十名くらいであろうか。加茂には衝鋒隊士の墓も存在するので、加茂軍議に何らかの影響を与えたことは考えられる。しかし、衝鋒隊の代表が加茂軍議に参加した記録はない。

そもそも衝鋒隊とは、旧幕府の歩兵隊を脱走した兵が自ら称した部隊名だ。隊長は旗本出身の古屋佐久左衛門で、副長に坂本龍馬を切ったと自称した今井信郎《のぶお》らがいた。幕府の兵営を脱走し、越後に進入してきた兵力は八、九百名といわれ、フランス兵制のラシャの赤い軍服を装い、元込め三連発のフランス製のシャスポー銃で装備している本格的な歩兵であった。ところが士官を除き、ほとんどが町人農民出身の傭兵《ようへい》で、乱暴者が多かったから赤鬼と恐れられていた。

越後戊辰戦争では同盟軍側に属し、初め妙見、朝日山方面の最前線で戦っていた。五月十九日、衝鉾隊士は長岡落城を知ると、今井信郎著の『北国戦争概略衝鉾隊之記』にある通り、退路に残置した兵を除き「余兵尽ク加茂ニ退キテ陣ス」とある。

この日、加茂に駐屯していた会津藩兵の一部は長岡方面に進軍を開始したが「長岡落城」の報を伝えられると、総督の一瀬要人らは途中で進軍をやめて、この後、加茂へ帰陣している。

また会津藩鎮将隊《ちんしょうたい》の隊頭の萱野右兵衛が兵と共に、長岡の戦線から加茂に退却してきたのは五月二十日のことであったと『見付詰中見聞録』に記されている。

衝鉾隊は会津藩に属していて、加茂の町では会津藩兵として通っていた。のちに衝鉾隊は加茂の寺院で、いままでの戦没者を弔う法会《ほうえ》を行っている。

朝日山戦にいた会津藩兵の加茂転陣

朝日山戦場にいた長岡藩兵が加茂に転進するに当たって、途中の長岡藩領北組栃堀村で会津藩の代表者と軍議している。

慶応四年(一八六八)五月二十日のことである。長岡落城の翌日だ。まず、その軍議は、長岡落城に伴う長岡藩の女性が関与している。そのことは会津藩士の遠藤平太が記した『会津戊辰戦争従軍記』に記されている。その一部始終を読みやすくして紹介しよう。

たぶん、峠の茶店で長岡藩の親子とおぼしき二人の女性に会津藩士が声をかけた。それは多分に落人に対する同情であったろう。

「どうなされたか」

会津藩兵は帰国するつもりでいたから、いとま乞いのつもりで気楽に声をかけたのであった。

ところが気丈な答えが返ってきた。

「我らは長岡藩の藩士某の妻子なり。夫は従軍し、長男は城主の小姓にて殿に始終付添い居りし。親子とも消息、さらに無ければ、大いに苦慮なり。（中略）勝敗は戦いの習いなれば、かかる危難のあるべしとは、かねて覚悟のことなれば、今更驚愕《きょうがく》することなけれども（会津藩兵は）このご、帰城なるや、または再挙をお許りなるや」と（向後）詰問してきたのである。

長岡落城によって、越後の戦いはほぼ決している。だから、次は会津の戦いである。ついては一刻も早く会津へ帰ろうとしていたところに、二人の長岡藩の女性が卑怯《ひきょう》者と言わんばかりに、かみついてきた。

二人の女性の言葉は、会津藩士の心にぐさりと突き刺さった。遠藤ら会津藩士は慌てて「今回の戦い、敗れたりとて、このままに放棄するにあたわず。ゆえに貴藩はじめ、諸藩の士と厚く軍議のうえ、再挙し、日ならずして長岡城は取戻すべく候得《そうらえ》ば、御落胆なく、一時、この窮状をお忍びありたし」と慰めたのだ。

この問答の結果を経て、会津藩青龍《せいりゅう》三番士中組は、越後に踏みとどまることに決し、栃堀村に達して、そこで長岡・会津・桑名藩の諸将が軍議をしている。軍議では会津藩は会津に帰陣を断念し、長岡・桑名両藩と協同し、新政府軍に対抗するため、とりあえず加茂へ転陣することになった。

またその一方で会津若松城下から救援の会津藩兵が長岡に向かっていた。『会津戦争従軍記』は会津藩萱野右兵衛に属した会津藩士の記録であるが、萱野隊は朝日山の戦場に向かい、五月二十日、栃堀村まで進軍してきた。退却する兵と進撃してきた兵が交錯した。

「栃堀村に至る。所が長岡、桑名、その他の味方の兵、会合せしかば　ここに各自の意見を発表し、所謂《いわゆる》軍議をこらし、種々と協議を重ねしに、目下敵軍は長岡にあり、未だ退軍せざる趣なれば、栃尾町を経て、加茂町方面へ出づる事に一致しければ、同所に一泊し」て翌日、加茂に一斉に向かったことを記している。

そこで会津藩兵が見た光景は敗走してくる落人たちであった。連日の豪雨でぬかるんだ山道の支路を断たれたるもの、七百余人、兵が押し合いへしあい、加茂の町へ向かってきたとあるが、人数は桑名、村松、長岡、上山《かみのやま》、村上の各藩兵。長岡藩の女性や子ども・老人。それに衝鋒隊《しょうほうたい》、新遊撃隊、水戸諸生党《しょせいとう》などを加えると二、三千人はいたろう。

それらの兵が一気に加茂の町に入り、商家、寺院、宿屋などを宿陣地とした。

敗走の長岡藩兵が加茂に入る

五月二十一日夕刻には長岡藩兵のおよそ十一コ小隊が加茂に入った。開戦前は二十三コ小隊あったものが、半数になってしまった。だが、敗走の途中、街道の要所に残置された小隊もいたから総勢で二十コ小隊は健在だった。ただ被害の多かった先鋒《せんぽう》の刀隊《かたなたい》や槍隊は合わせて一コ小隊とした。

加茂では寺院や宿屋に入り宿陣した。河井継之助総督は皆川嘉治兵衛宅に入り、本陣としたという説が定説だが、大昌寺や市川正平治《しょうへいじ》邸だったと記す歴史家もいる。大昌寺は桑名藩主や同藩兵が宿陣し、市川邸は会津藩兵の本営となっていたから同陣はできなかったのではないだろうか。

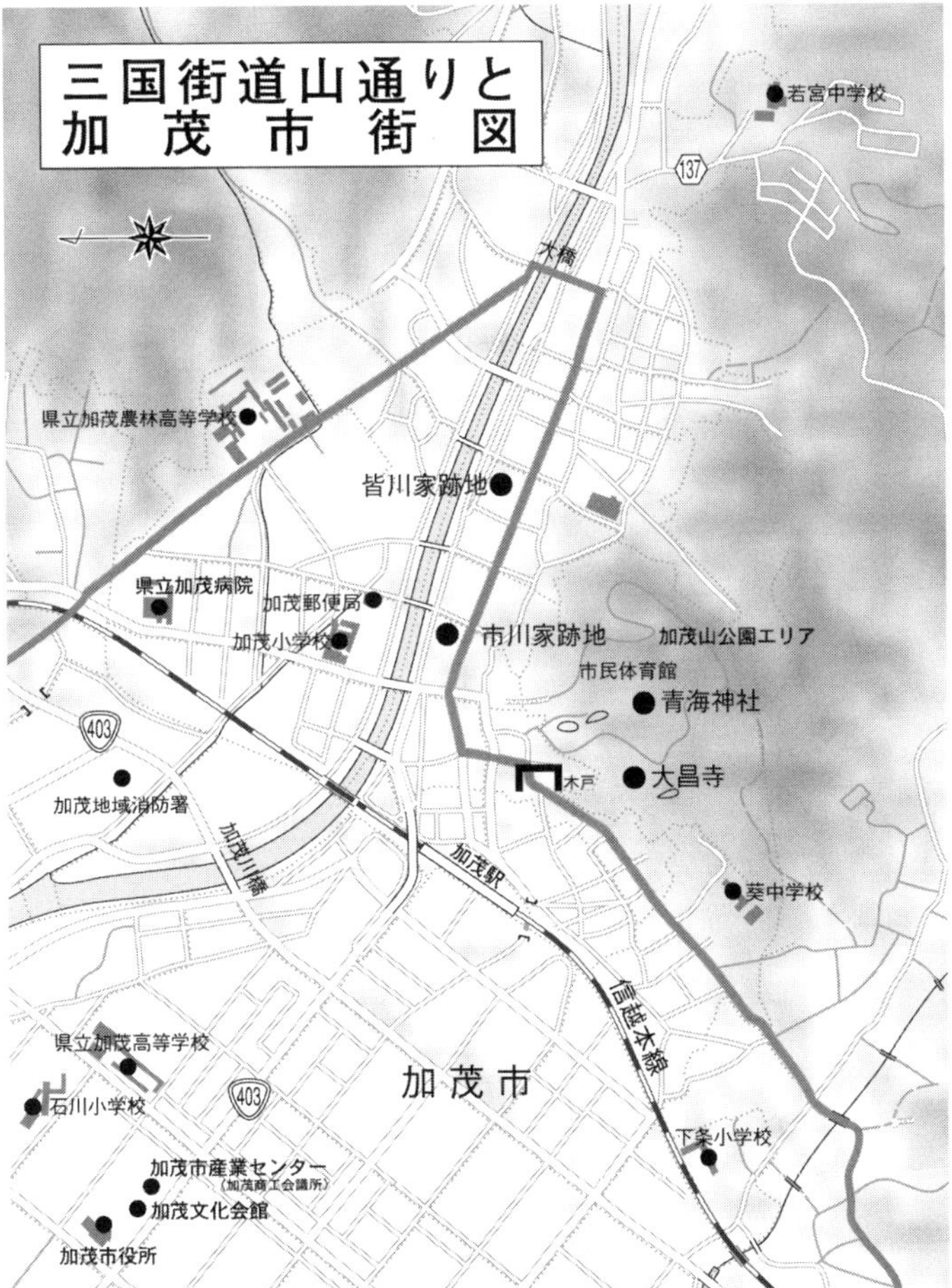
三国街道山通りと
加茂市街図
若宮中学校
137
大橋
県立加茂農林高等学校
皆川家跡地
県立加茂病院
加茂郵便局
加茂小学校
市川家跡地
加茂山公園エリア
市民体育館
青海神社
403
大昌寺
木戸
加茂地域消防署
加茂川橋
加茂駅
葵中学校
信越本線
県立加茂高等学校
加茂市
403
石川小学校
下条小学校
加茂市産業センター
(加茂商工会議所)
加茂文化会館
加茂市役所
0
500m

長岡藩兵の一部は加茂川にかかる橋を渡り定光寺に入った。加茂に隣接している上条村の村松屋百次郎方や島崎忠兵衛、北方屋権蔵方などにも分宿している。

長岡藩は軍資金が潤沢にあった。そのため、新しい軍旗や軍服を加茂の商人にあつらえるものがあったり、料理屋で酒宴をする者もいた。

その一方で、晴れた日には加茂川に出て軍服や下着類を洗濯している。

そういった長岡藩兵とその家族らを加茂の町の商人たちは温かく受け入れている。

そのときの様子を見聞していた米沢藩の記録があるので紹介しよう。

資料は、越後に出征してきた旧米沢藩山田忠良氏所蔵の『越後戦争日誌』下である。

「五月中、落城の砌《みぎり》、住家を賊に奪われて、漸《ようやく》、其《その》身は逃延《にげのび》つつ、加茂駅に落行く親や夫の手負、お《(あるい)》は甲斐甲斐敷《かいがいしく》も介抱し、かなしき日をそ《(ぞ)》送申《おくりもうし》に」とある。

また、加茂町に長岡城付近から逃れてくる同盟軍兵士の様子を記した好資料がある。『甘粕継成日記《あまかすつぐなり》』である。

それによると甘粕備後《びんご》継成が同藩士須藤美保吉を伴って、加茂の町に偵察に入ったのは慶応四年（一八六八）五月二十一日の昼過ぎであった。

会津・桑名・村松・長岡・上山《かみのやま》・村上藩などの長岡城落城によって退路を断たれた者二・三千人が山道を経て加茂の町に入って、宿中に充満して町は混雑していたという。退路を断たれたとは、妙見・榎《えのき》峠・朝日山で善戦していた兵たちが、長岡城下に戻れず、山間を迂回して加茂の町にたどりついたことを示すのだろう。

だが、すべての長岡藩兵が加茂町に入ったわけではない。出発が遅れ、夜、山中にさまよって二十二日の朝に到着した隊もあった。途中の村々に残置させられた隊もあり、塩谷《しおだに》の村はずれに急造の保塁をつくって、追撃してくる新政府軍に対峙《たいじ》しようとする隊もあった。

五月二十一日夕刻、米沢藩参謀甘粕備後継成は大隊長中条豊前《ぶぜん》の宿陣地加茂町市川正平治邸に戻った。その夜、会津藩家老一瀬要人《いちのせかなめ》、同軍事方西郷源五郎、山田陽次郎、長岡の家老山本帯刀《たてわき》、桑名の軍奉行《いくさぶぎょう》金子権太左衛門、小寺新吾左衛門と米沢の中条豊前と甘粕で協議に入った。各藩は今にも新政府軍が加茂に襲来することを口々に懸念したが、米沢藩兵はまだ戦わず冷静であったので、まず状況を把握してからと説得し、翌二十二日の午後に各藩代表を市川正平治邸に集めるよう協議して解散した。このことが加茂軍議が開催されることにつながったのである。

第二節　加茂軍議

加茂軍議が開催される

軍議は、会津藩の招集で始まった。

それは会津藩本陣である市川正平治《しょうへいじ》邸で開催されることになった。同盟軍の各藩の兵は大昌寺などの寺院、商家などに分宿していた。

「同盟各藩の重役の面々、わが藩の本陣に集合ありたし」と使番《つかいばん》が呼びまわると、各藩の代表は三々五々、五月二十二日の午後、市川邸に集まった。

本来、奥羽列藩同盟の目的は会津、庄内の両藩の救援であり、大局的には恭順を勝ち取り、平和的解決を図ろうというものであった。慶応四年（一八六八）閏《うるう》四月二十三日、奥州白石において、奥羽二十三藩が同盟の約を結んでいる。しかし、その後、世良修蔵などの新政府軍参謀の横暴もあって、新政府軍と同盟軍は次第に敵対関係になっていった事実があった。その際、奥羽同盟の防衛は仙台、米沢、会津、庄内の有力藩が中心となることが決まった。そのなかで越後方面を主に担当することになったのは米沢藩であった。そこで米沢藩は総督に色部長門《いろべながと》、副総督千坂兵部《ちさかひょうぶ》、参謀甘粕備後《あまかすびんご》、以下大隊長各数名に率いられた大軍を派遣した。だが、すでに越後南部で始まっている戦闘にどう戦うかという方針は持っていなかった。

だから、招集の使いがあった際、先鋒の大隊長中条豊前は参謀の甘粕とともに、そうむずかしい軍議でもなかろうと出席したのだ。

むしろ、米沢藩本営は、唐突に勃発した長岡落城の事態を体験してきた会津藩の報告と対策の軍議くらいにしか考えが及ばなかった。

米沢藩先鋒《せんぽう》は加茂の大昌寺に入り、続々と朝日山などの戦場から脱出してきた桑名藩兵と旧幕府脱走兵の衝鉾隊《しょうほうたい》士などで混雑してきた加茂の町の状況を見ている。

そこに招集である。

その混雑のため、桑名藩の山脇十左衛門や衝鉾隊幹部は対策におおわらわで軍議に出席の要請がなかったのかもしれない。

加茂の町は、敗走してきた兵と奥羽から派遣してきた兵が、混在となって宿陣地を探すことで大混雑していた。だから、軍議はその調整だと考えての招集だと思う参加者が多かった。

加茂軍議は同盟軍諸藩の結束

長岡藩の河井継之助は、兵を街道の途中の各要衝に残置している。たとえば見附の杉沢村や赤坂峠などであるが、いずれも後に激戦地となっている。それは殿《しんがり》戦を行うためもあったが、反撃の要所にするつもりだった。

ところが、朝日山などに展開していた会津藩兵や桑名藩兵などは、一気に加茂の町まで引き揚げている。ということは長岡藩兵は反撃を考慮していたが、会津・桑名両藩は越後戦線は長岡落城で区切りをつけようと考えていたことになる。

だから、会津藩は自軍の本陣内での軍議は、長岡落城の報告と今後の対策くらいにしか考えていなかった。

ところが、この加茂軍議で思わぬ展開が待っていた。軍議は五月二十二日午後。加茂の大庄屋市川正平治《しょうへいじ》の大広間で軍議が始まった。

正面には米沢藩、対して会津藩、左右に思い思いに同盟列藩の重役が着座した。出席者の名前が記録によって、まちまちなのは、「どうせ、宿陣割りなどの簡単な軍議だろうから」と、自藩の分担がよくなるようにと各藩の戦闘員の幹部が付き添ってきたことでも分かる。

加茂軍議の内容は米沢藩参謀の甘粕備後《あまかすびんご》の日記によるところが多い。これは、軍議の後、あまりに重要な列藩同盟軍の戦略構想が協議されたため、参謀の甘粕備後が慌てて出席者を確認したものらしい。

たとえば、長岡藩の戦争日記などには、加茂軍議の記事はあるが、各藩列席者の名簿がないのはそのためである。

ただ、越後村松藩だけは違った。戦闘担当の幹部よりも主に藩政の執政陣が列席した。これが後に、加茂軍議を紛糾させることになる。村松藩の言い訳が、長岡藩の河井継之助の発言を引き出して、結果的には同盟軍の勝利のための結束につながっていく。しかし、村松藩にとってはとんだ貧乏くじを引く結果になった。

加茂軍議の出席者

では、加茂軍議の出席者の顔ぶれを紹介しよう。ただし、甘粕備後《あまかすびんご》の日記を基本にし、各軍書などを参考にして作成したが、何人かは欠落したり出席しなかったものも含まれている。

会津藩
越後口総督　一瀬要人《いちのせかなめ》
軍事奉行　西郷刑部《ぎょうぶ》（通称の源五郎を使う資料がある）
軍事奉行添役　秋月悌次郎《ていじろう》
同　柳田新助

同　　　永岡敬次郎
同　　　山田陽次郎　外に二、三人

米沢藩
大隊頭《だいたいがしら》　　中条豊前《ぶぜん》
参謀　　甘粕備後
軍監　　倉崎七左衛門
同　　　髙山与太郎
軍目付　大滝甚兵衛　外に二、三人

桑名藩
軍事奉行　小寺新吾左衛門
同　　　金子権太左衛門
致人隊長　松浦秀八

雷神隊長　立見《たつみ》鑑三郎

長岡藩
総督　河井継之助
軍事掛　花輪求馬
同　村松忠治右衛門
同　三間市之進　外に三、四人

上山《かみのやま》藩
側用人　祝《ほうり》新兵衛（祝段兵衛ともあり）

村上藩
家老　水谷孫平治

村松藩
家老

森重内
近藤貢
稲毛源之右衛門
清水軍次
田中勘解由《かげゆ》
前田又八
齋藤久七

（なお村松藩の『松城史談』によれば「談判大意」に「同盟申合人数ノ手配兵糧運送等ノ軍議」とある）

加茂軍議が始まる

慶応四年（一八六八）五月二十二日。現在の暦に直せば、七月十一日。この年は梅雨がまだ明けきらず、蒸し暑い夏の日であったという。

加茂町の大庄屋市川正平治《しょうへいじ》方で、大軍議が始まった。当初は各藩代表の挨拶があり、さて軍議となったが、言葉を発する者がいない。

実力からいえば会津藩が主導し、いままでの戦闘経過を報告する立場にあったが、何やら思惑があって報告をしようともしない。長岡藩軍事総督の河井継之助も左肩の傷を押さえながらも、三日前の長岡落城のことは一言も発しなかった。

ただ挨拶で「長岡藩総督河井継之助でござる。控えおるのは花輪求馬、三間市之進、村松忠治右衛門」と家臣を紹介したにとどまった。

会津藩の越後口総督一瀬要人《いちのせかなめ》が、ようやく重い口を開き「米沢藩に向後の戦いの指導を仰ぎたい。ついては主宰《しゅさい》をお願いしたい」という一言から、加茂軍議の紛糾が始まった。

驚いたのは招集された米沢藩である。

確かに先の奥州白石会議で同盟軍の越後口の担当となったのは米沢藩だった。米沢藩は幕末の頃の所領が十八万石であった。かつては越後に覇を唱えた上杉謙信の末裔《まつえい》としての自負が、その任を引き受けたものであったから、会津藩越後口総督の一瀬も代表の中条豊前《ぶぜん》に主将の就任を求めた。だが大隊頭《だいたいがしら》の中条豊前は「固辞して受けず」と『米沢市史』は記述している。

米沢藩参謀の『甘粕継成日記《あまかすつぐなり》』にも「一瀬の発議、中条（米沢）を推して総軍の主将を為さん事を議す。固く辞して受けず」とある。

これより先、米沢藩が奥羽列藩同盟のために兵を越後へ進発させているが、先鋒《せんぽう》の大隊頭の中条豊前が加茂に入っても、まだ本隊は越後街道の途中にあった。

ちなみに当初、米沢藩が越後に派遣した米沢藩軍の陣容は、越後口総督色部長門《いろべながと》、副総督千坂兵部《ちさかひょうぶ》、大隊頭中条豊前、参謀甘粕備後、隊長長尾景貞、大井田修平、柿崎和泉、香坂勘解由《かげゆ》、芋川大膳の各諸将であった。

一瀬の提案は米沢藩にとっては唐突であった。たとえ米沢藩は越後口で名目的な盟主であっても、戦闘は会津藩中心であった。中条としては会津藩が主導している越後戦線に、地理もよく分からない自分が作戦指導しても、混乱を招くだけだと考えたものであろう。

ところが、この中条豊前の遠慮が思わぬ事態を招くことになる。

米沢藩・会津藩とも恭順の立場をとる

また、中条豊前《ぶぜん》の固辞は、隠然たる実力を持つ会津藩への遠慮にあった。会津藩は表高《おもてだか》こそ二十三万石であるが、実質は六十万石を超えた所領があり、藩兵も六千人を超えていた。

中条豊前は「総指揮だけは何分、ご容赦を」と平謝りに固辞した。

では、会津藩が筆頭幹事職のような立場を担当すればよいのだが、会津藩は奥羽越の列藩同盟軍を率いて、全面的に新政府軍と戦闘したくはなかった。それは主君松平容保《かたもり》の意向で「恭順に努力せよ」とあるばかりで、奥羽越の列藩同盟の全軍を率いて戦う姿勢をもっていなかった。

さて、加茂軍議は最初から紛糾することになるが、その第一発言者の会津藩士一瀬《いちのせ》要人《かなめ》の人となりを紹介しておこう。

会津藩越後口総督一瀬要人は当時、三十七歳の壮年。資料によっては、一ノ瀬と記すものがあるが、一瀬が正しい。

彼は、加茂軍議の前後、越後における戦闘を苛烈《かれつ》に戦い抜く。そして、その年、会津に帰還後の城下一ノ堰《せき》の戦いで負傷し、翌月没している。

墓地は会津若松市一ノ堰の光明寺。法名を大忠院殿武法執威居士と諡《おく》られた。

その法名から分かるように、一瀬の生涯は主君の松平容保に忠節を尽くすことであった。容保が京都守護職に就いた際、一瀬も番頭《ばんがしら》となって随行した。京都での主君の勤皇ぶりは、一瀬の実見するところとなった。

その主君松平容保が、幼い天子を擁立した薩摩、長州両藩の新政府に、いわれなき征討の汚名を着せられたのである。側近の一瀬にとっても屈辱であった。一瀬は悲憤慷慨《こうがい》して戦いで汚名を晴らそうとする。いわば会津藩の主戦派の一人であった。

緒戦は越後で発生すると予想された。そこで、一瀬要人は進んで越後口総督を志願して越後に出陣してきた。

一瀬家は世禄《せろく》千三百石。要人は通称を伝九郎といい、名は隆知《たかとも》。代々家老職だ。

要人は京都詰の際、長州藩と蛤《はまぐり》御門《ごもん》の変で戦った経験がある。鳥羽、伏見の戦いの後、主君と共に江戸を経由して、会津若松に帰国。間もなく越後にわずかな軍勢を連れて潜行したらしい。

ところが加茂軍議によって、一瀬はにわかに会津藩の代表としての貫禄を見せた。軍議では、米沢藩の面目を立てつつも、会津藩が軍議の主導権を握った。そして長岡藩の河井継之助の主張を引き出し、同盟軍の各藩をまとめあげて、一致団結して新政府軍と戦う態勢に持ち込んでいった。老獪《ろうかい》といえば一瀬のプロデュースぶりは天才に近かった。

会津藩は越後戦線に総勢二千人以上の藩兵を派遣した。それも精鋭だ。藩境を守る兵を加えれば本城を守る藩兵は、からっぽになるくらい大胆な防衛線を敷いた。そこに白虎隊などの悲劇が生まれるわけであるが、越後戦線が加茂軍議以後、同盟軍側の有利に展開していくのは、総督一瀬要人の手腕によるところが多い。

何しろ、佐川官兵衛のような猛将も、一瀬の前に出ると、会津藩の一将にすぎなかった。

加茂軍議における米沢藩の立場

一瀬《いちのせ》のリードで軍議が進むが、米沢藩大隊頭《だいたいがしら》の中条豊前《ぶぜん》は「（同盟軍）総督の任にあらず」とひたすら固辞するばかりであった。

一瀬にしてみれば「中条に引き受けてもらいたい」ではなく、米沢藩に指揮をお願いしたいと考えていた。

一方、中条にしてみれば（ここでわが藩が引き受けた場合を考えたら、戦争の展開によっては藩の滅亡につながりかねない）会津藩の魂胆は分かっているのだ。あくまでも、会津藩は恭順を装い、米沢藩を前面に出すことによって、会津藩の命脈を少しでも救わなければならないという姿勢がありありと見えたから、うかつには承諾はできなかった。

こうした中条豊前の姿勢が、この後、米沢藩を救うことになるが「大義の同盟」をうたった奥羽越列藩同盟のなかでは、藩祖に上杉謙信公を頂く米沢藩の立場は分《ぶ》が悪かった。

中条豊前はあくまでも一介の大隊頭。米沢藩の運命を決するような決断はできなかった。

陪席していた参謀の甘粕《あまかす》も、そのことは承知していたから沈黙した。ただ甘粕は歴史学者だった。米沢藩が義をとらざれば、たとえ生き延びても後世に禍根を残すことは明らかであったから、この軍議を何とか乗り切ろうとする気概があった。

その甘粕に対峙《たいじ》した会津藩士がいた。会津藩軍事方添役秋月悌次郎《ていじろう》である。

会津藩の秋月悌次郎、加茂軍議で米沢藩を説得

秋月は徐《おもむろ》に中条豊前《ぶぜん》に話しかけた。

「貴藩が越後諸藩を助けないというなら、上杉謙信公がなんといわれるか。それに越後の民は上杉勢の出陣を喜びましょうぞ」

と言うのである。つまり、戦国の世の上杉家の家風を尊び、その恩顧によって、上杉勢の出現を越後農民が喜ぶぞと示唆したのである。

それには理由があった。慶長三年（一五九八）上杉家が会津移封となってから越後に堀家四十五万石が就封しても、なかなか治政が定まらなかった。それに堀家も除封になってしまうと、越後は徳川家恩顧の小大名と幕府領に分割されてしまった。

それに、民間の名主階級には佐幕よりも勤皇思想が広がっていった。加茂の大明神社（青海神社《あおみじんじゃ》）の社官などにも勤皇思想が広まっていて、反佐幕的な行動を取っている者たちがいた。

社官の雛田松渓《ひなだしょうけい》などは、新政府軍の密偵大音《おおど》龍太郎などを招じて情報の提供をする一方、加茂出身の松田秀次郎らを首領とする、新政府軍のための勤皇党の結成に尽力していた。

秋月は会津藩の軍事方《かた》であったから、密偵を放って、そういった越後農村の動静を探っていたのである。その結果桑名藩預《あず》かり領加茂が、会津藩打倒の震源地だというのである。

これには会津・桑名の一同は驚いた。

加茂市の郷土史家、故古川信三氏の著書『加茂雑記Ⅱ』に加茂の勤皇志士雛田松渓の逮捕にかかる記述がある。それによると、嗣子《しし》千佳良《ちから》と盟友小柳春堤《しゅんてい》とともに、慶応四年（一八六八）五月二十三日に同盟軍に逮捕されたとある。

青海神社神主古川舎人《とねり》の「雛田一学勤皇者事蹟」にその一部始終が記載されている。ちなみに一学とは、雛田の名である。字を士新《ししん》といい、松渓と号した。

「二十三日夕方に及、一学義越前屋彦兵衛方に罷越居候所《まかりこしおりそうろうところ》へ桑名藩士不意に押込み、不審節有之趣《ふしんのせつこれありおもむき》にて直《ただち》に召捕《めしとり》候」とある。この二十三日が、前後の記述から五月二十三日であることは明白である。そこで、古川信三氏は逮捕の日を、今まで定説であった「加茂市史年表」などの七月二十三日説を五月二十三日に訂正している。

五月二十三日は加茂軍議二日目である。軍議の後、加茂の大明神社（青海神社）の神宮や勤皇派町人の摘発に桑名藩兵が出動し、雛田らを捕らえたのだ。

嫌疑の理由は去る三月に東山道先鋒《とうざんどうせんぽう》総督府軍に属する彦根藩士大音龍太郎が越後の動静を探るために加茂町に入ったが、その手引きを雛田らが行ったというものであった。『加茂雑記』では子の千佳良（主税）、小柳春堤も捕らえられたというから、大掛かりな捕物だったらしい。

雛田らは、桑名藩兵に引き立てられて、牢獄《ろうごく》につながれ拷問を受けた。数え年五十の松渓には苦痛この上ないものであったという。

加茂の大明神社（青海神社）の神主の古川家や、大庄屋の市川正平治《しょうへいじ》などの有力氏子たちが、この後、取り調べられたのは言うまでもない。だが、その証拠は見つからなかった。

このような背景があり、秋月は中条豊前に「それを取り押さえられるのは上杉謙信公の義の精神を継承されている米沢藩にしかできない職である」と突き返したのである。

米沢藩参謀・甘粕継成の人となり

加茂軍議に出席した米沢藩参謀甘粕継成《あまかすつぐなり》について説明しよう。

天保三年（一八三二）生まれの継成は、軍議のとき三十六歳。貴重な日記を残す才を持っており、出征時、米沢藩記録所頭取《とうどり》の職にあった。幼名半蔵、通称を虎之助といい、のちに備後《びんご》と改めた。号を酔月楼というくらいだったから、酒を好んだ。

生まれは米沢藩でも名門の侍組《さむらいぐみ》の甘粕（本当は甘糟《あまかす》が正しい）家の嫡子《ちゃくし》。藩校興譲館に学び、十七歳で家督を嗣ぎ、安政四年（一八五七）、二十五歳のとき学館諸生。ついで助読。藩儒山田蠖堂《かくどう》に師事し、元治元年（一八六四）には支藩の藩主上杉勝賢《かつかた》の侍講となっている。

上杉鷹山《ようざん》の業績の執筆をし、文久二年（一八六二）三月『鷹山公偉蹟録《いせきろく》』二十一巻の稿本を完成させている。鷹山研究にはなくてはならぬ稿本で、ちなみに、明治四年（一八七一）、遺子から旧藩主上杉茂憲《もちのり》に献上され、明治十一年十一月、明治天皇の要請によって、宮内省に献本されている。

戊辰戦争では、軍務参謀を命ぜられて、加茂の米沢藩本陣に常駐し、奥羽越列藩同盟軍のなかの重責を担った。さしずめ、会津藩軍事方添役《そえやく》の秋月悌次郎《ていじろう》とは越後口陣営で対《つい》となった。彼の著作には『西洋通記』『亜美利加《あめりか》国史』などがあり、西洋の事情にも通じていた。

明治二年七月、新政府の待詔院下局《たいしょういんかきょく》に出仕を命ぜられたが、十一月に辞任し、間もなく没している。

その甘粕の戊辰戦争時の上司、米沢藩越後口副総督の千坂兵部《ちさかひょうぶ》についても説明しておこう。千坂は加茂軍議には出席していない。だが、家老の色部長門《いろべながと》が新潟港で同盟軍の責任者となると、その跡を継いで、米沢藩の軍務総督となって、主に加茂本陣や見附本陣に常駐した。甘粕とコンビを組んだわけである。天保十二年生まれであるから弱冠二十七歳。通称を与一、後に太郎左衛門ともいう。学才は秀でており幕末の慶応三年（一八六七）十一月には奉行職（米沢藩では家老相当）となっている。

戊辰戦争後、米沢藩大参事となり、藩主を奉じて東京へ移り、新しく藩主となった茂憲の欧州留学にも従っている。イギリス、フランス、イタリアでは金融業、産業の興隆策を学んだというから、加茂滞陣のとき加茂商人との影響があったかもしれない。帰国後は内務省に勤め、内務大書記官までのぼり、岡山県令となっている。貴族院議員となったのは、米沢藩出身者では千坂と宮島誠一郎の二人だけである。

退官後は、実業界に入り大正元年（一九一二）十二月三日七十二歳で没した。

加茂軍議に米沢藩は会津藩の義を問う

甘粕《あまかす》は藩史の記録所の頭取《とうどり》をしており、米沢藩の成り立ちをよく知っていた。それに上杉景勝の臣である直江兼続や、上杉鷹山《ようざん》公の事蹟を知悉《ちしつ》していた。

その甘粕が加茂軍議において、会津藩諸将に向き直り、「貴藩の藩祖、保科正之《まさゆき》公は会津二十三万石を賜り、奥羽鎮撫《ちんぶ》を号令するよう二代将軍徳川秀忠公より仰せつかったと聞いておりまする。それに藩領は二十三万石にあらず、二十八万石とも、六十万石とも聞いており、越後には十五万石余の分領を、お持ちと風聞いたしております。越後の会津藩領はご治政もよく、民衆もご自由にご商売をなさっておられるということでございますから、何とぞ民衆の収攬《しゅうらん》が第一義であるとすれば、越後各藩を率いることのできる会津藩こそ、ご盟主であられるべきだと存じます」

と陳弁したのである。

その場に旧幕府脱走兵代表、衝鋒隊《しょうほうたい》の古屋佐久左衛門らがいれば「そうだ。そうだ」

と会津藩が盟主になることは異存もなく決まったのであろうが、あいにく衝鉾隊幹部は欠席だった。衝鉾隊は列藩同盟に加われず、軍議にも遠慮し、会津藩の付属になっていたから、会津藩が越後戦線の盟主になっていた方が何かと都合が良かった。

「領土の多寡が盟主を決める条件であるのであれば、大義を伸べるを以って列藩が同盟をした義の心は通らぬことになります。あくまで幼い天子を擁立して覇権を取ろうとする薩摩、長州両藩の野望をくじくために、上杉謙信公以来の勤皇の心を復活させるためにも、米沢藩は盟主であるべきである」と秋月は主張した。同じ軍事奉行の西郷刑部《ぎょうぶ》こと源五郎も甥の山田陽次郎の援護を得て、同様の発言をした。

「われら会津藩は先帝（孝明天皇）に義をお誓い申しあげ、その後に天皇が没せられ、薩摩、長州両藩のためにわが藩の義は害されております。その会津をお救いするために列藩の同盟の義が成立されたとすれば、米沢藩こそわが藩の義を仲介すべき御藩でございましょう」

と言うのである。

加茂軍議で河井継之助が村松藩に裏切りだと発言

その発言が終わるやいなや、末席にいた長岡藩総督河井継之助が烈火のごとく発言を開始した。咆哮《ほうこう》といってもいい。まるで傍若無人ぶりを発揮した。

「私どもの長岡藩は七万四千余石の小さな大名家です。だが三百諸侯のなかにあって、忠孝の心を忘却したことはございません。ただ今は秋月様、甘粕《あまかす》様のお話によれば、知行の多寡で、忠義は変わらぬとのご議論。私どもと致しましても同感でございます。さて、私は今月の初め、越後小千谷町におきまして、薩長の先鋒《せんぽう》の軍監に会津様と薩摩、長州両藩の私戦の講和を提案しましたところ、敵か味方かを問われ、会津様に同情なさるならば、敵として討つとの発言がありました。会津藩の松平容保《かたもり》公は先年まで、京都を鎮撫《ちんぶ》し、不逞《ふてい》な浪士たちを取り締まってまいりました。その功績を鑑《かんが》みず、いきなり討伐とは何事でありましょうや。そこでわが長岡藩は義を以て忠節を尽くす小藩。横暴な薩長を迎え撃つことこそ、新生日本の公益のためになると決断し、わが藩を挙げて開戦に踏み切ったものであります。戦いは地の利を生かし、勝利を導くものでありましたが、同盟の村松藩の裏切りによって、あえなくわが長岡城は落城したのであります。同盟の義は誠の心でつなぐものでございましょう。ここに村松藩の責任を明快にしようではないか」

と味方の村松藩に矛先をのばした。

村松藩は軍議でこのこと（裏切りの嫌疑）があらかじめ長岡藩からただされることを予想し、森重内をはじめ、温厚な家老を出席させていた。加茂の町と村松城下はそう遠くはない。過激な佐幕派家老の堀右衛門三郎などは出席しなかった。

家老の森重内は「裏切りではござらぬ。私どもが、今、ここに出席しているのが、その証《あかし》である」と突っぱねた。

加茂軍議は切腹未遂事件に発展し、長岡城奪還を期するものになった

村松藩の森、田中勘解由《かげゆ》らは弁解をする。

しかし、河井継之助は村松藩の藩内の事情をよく知っていた。藩主堀家は外様大名。昨年の暮れに過激な勤皇派藩士七人を粛清したとはいえ、藩内には「あれは会津藩の誘導によるものだ」という者たちが多かった。

一方、長岡藩内にも、このたびの落城を機に、いち早く、新政府軍に投降した長岡藩士たちがいた。理由は勤皇であるが、そういう輩を河井継之助は、許すわけにはいかなかった。

まるで、自藩の兵士の裏切りを問いただすかのような形相で、村松藩の責任を責めたてた。

仮の議長役の米沢藩の中条豊前《ぶぜん》も、会津藩重役も、この光景に呆然《ぼうぜん》とした。

弁解が行き詰まって、村松藩に沈黙の相が現れたときに、突然、田中勘解由が自らの腹に短刀を突き立てた。（自ら喉を突いたという説もある）

田中は屈辱に耐えられなかったのである。両脇にいた村松藩士近藤貢《みつぐ》らが、短刀を取り上げ、切腹を押しとどめた。鮮血が飛び散るなか、田中は泣き、軍議は騒然となった。

しかし、河井継之助の舌鋒《ぜっぽう》は切腹未遂事件にもたじろがなかった。

「ご一同、わが藩は会津藩を助ける義を提唱し、藩士一同団結し、同盟軍のために戦った末に故城を失ったもの。全くの無念でござった。この際、同盟各藩の理直をただし、一致団結して、長岡城奪還の議を策してはいかがでござろうや」

と豪胆に言い放った。

村松藩が加茂軍議にとった対策

村松藩は長岡落城後、直ちに主要藩士を村松城内に招集し対策を協議している。本丸の書院大広間に集まったのは笹岡豹五郎《ひょうごろう》や堀右衛門三郎らの家老をはじめ佐幕・勤皇派が入り交じった構成だ。五月十九日の長岡落城を機に、村松藩の方針を変換しようとする評定が始まった。その席上笹岡豹五郎、近藤貢《みつぐ》らは、いち早く新政府軍に降伏すべきだという提案をした。

それに対し、堀右衛門三郎、奥畑伝兵衛らは奥羽越列藩同盟の義盟を説き、意見は二つに分かれた。評定は先年の勤皇七士斬首事件も絡み、結局、引き続き奥羽越列藩同盟軍側に出兵することが決まった。

翌二十日森重内隊、田中勘解由《かげゆ》隊の士分《しぶん》二小隊、卒《そつ》三小隊が加納重兵衛、上村与兵衛、堀主計《かずえ》や軍目付の近藤貢らに率いられて、加茂方面に出兵していった。

そして、一部の兵が加茂の町に入ると、会津藩から招集されて、主な幹部が軍議に出席することになった。

軍議は、長岡藩家老河井継之助が発言を始めると様相が一変した。

『村松町史』では「長岡藩の河井継之助は進撃して、見附を占領し、長岡を奪還することを強調した。この結果、同盟軍を三分し、長岡城を奪還する作戦案を提案。このとき、河井継之助は村松藩が長岡城防衛の際、尽力しなかったこと、村松藩がはたしてどこまで同盟軍に忠誠を誓っているか疑わしいこと、などを列挙して、村松藩の態度を厳しく非難した。会津藩もまた、かくなるうえは村松城を奪って後顧《こうこ》の念を払うことを主張するなど、村松藩に対する激しい疑念をあらわにした」とある。

結局、米沢藩の参謀甘粕継成《あまかすつぐなり》らが「村松藩論は西軍に降伏しようとしたが、こうして出兵してきた。この意をくんでともに戦おう」と長岡藩などを説得して事なきを得ている。しかし軍目付の近藤貢は、当初から同盟に加わることを反対しながら藩命で出兵してしまい、またこの軍議の屈辱に耐えかねて、加茂の町近くの黒水村の村松藩本陣に帰ると自決している。この近藤に続いて郡方下役《こおりかたしたやく》五十嵐関八、吉田又内も自尽した。

村上藩家老　水谷孫平治の加茂軍議の後の人生

村上藩士水谷孫平治は加茂軍議参加者のなかで最も高齢であった。文化十三年（一八一六）生まれの五十二歳。

譜代大名の村上藩主内藤信民《のぶたみ》は、幕末要職に就任したことがあり、初めから佐幕色が強かった。越後六藩（新発田・長岡・村上・村松・黒川・三根山）の同盟軍にも早くから加わり、戊辰戦争が勃発すると出兵も早かった。

実は、村上藩五万九十石の所領のうち、四万石が蒲原《かんばら》郡三条町付近に集中していた。

岩船郡の城下町から所領地は遠く離れ、西蒲原の沼地も多く含まれていた。

村上藩は、三条町（三条市）に陣屋を置き、民政を担当させていた。また、三条町は刃物など鉄器の生産地、交通の要地としても越後の中心地にあった。三条から加茂は近い。村上藩兵は出兵すると一部の兵が加茂の町へ入った。

そこに通知がきて、軍議に参加することになった。

孫平治の名称は、家老水谷家の代々の通称名である。加茂軍議に参加した孫平治は名を栄之丞といい、雪斎と号した人物である。家禄《かろく》は百石。

幼少から俊才で江戸に出て佐藤一斎や大橋訥庵《とつあん》の門に入っている。藩校克従館《こくじゅうかん》の教授になり、奉行職を兼ねた。

孫平治は主君の命で、安政四年（一八五七）三月、蝦夷《えぞ》（北海道）探検に赴いている。箱館から日本海に沿った西側を北上し、閏《うるう》五月三日に宗谷に到達し、翌日樺太へ渡っている。樺太ではシベリアを望見できる位置（北緯五一度半のホロコタン）まで行っている。その後宗谷に戻り、蝦夷の東側を踏破して帰還した村上藩の英雄だ。

その水谷孫平治が村上藩を代表して加茂軍議に加わった。村上藩は越後戦線では海岸部を担当したが、水谷の温厚な性格から、激しい戦闘には加わらなかった。

むしろ、越後戦線が二度目の長岡落城の七月二十九日以後、村上城近くまで迫った際、家老の鳥居三十郎と庄内方面まで退いて新政府軍と戦っている。

明治四年（一八七一）七月に隠居し、家督を養子に譲った後は、小学校の校長職を明治十年ごろまで務めている。

加茂軍議における同盟軍外の桑名藩の応援

河井継之助の発言に最初に同調した人がいる。

桑名藩雷神隊長、立見《たつみ》鑑三郎である。

「桑名城はもはや、開城し、西軍が占領している。しかし、われらも必ずや故城を奪還して、この戦に勝利しようと思う。われらは長岡藩の長岡城奪還に人事を尽くす」

と発言した。戦《いくさ》の奇才、面目躍如である。他の諸将の機先を制しての発言は、軍議を一変させる効果があった。

村松藩の清水軍次も「わが藩には奥畑伝兵衛なる豪の者がおりますれば、明日にも出陣させて、加茂の軍営に到着させましょう」と村松藩の忠誠を軍議の席で誓った。

村上藩の水谷孫平治は特に発言を求め、「かねがね、われら藩主は幕閣にも参画し、徳川家に忠節を尽くしてきた。村上藩も長岡城奪還に協力致します」と言い放つ。

上山藩《かみのやま》の祝《ほうり》新兵衛（段兵衛とも）も「天保の頃の飢饉をお救いくだされた越後農民の御恩と、それを取り計らってくれた長岡商人の義に、城下の回復にご協力申しあげます」

この軍議を企画した会津藩も思わぬ展開に驚喜した。

「加茂軍議は、初めて奥羽越列藩同盟の義盟を確認するものとなった。この決議、すなわち長岡城の奪還は、わが同盟軍の第一義を果たすものとなろう」と会津藩越後口総督の一瀬要人《いちのせかなめ》は発言している。

ここに加茂軍議の第一日目は終了した。激論は四時間以上にも及び、明日、あらためて進軍手配を決めることになった。

軍議が二日間に及んだことは、かつてなかったことであり、各藩軍事方が市川正平治《しょうへいじ》方に居残り、兵力、軍器、付近の地形図などの情報を提出して協議に入った。その後、酒宴となったのではなかろうか。

加茂軍議で酒宴はあったのか

加茂軍議のあと酒宴となった記録がない。

戊辰戦争では重要な協議の後、親睦のため、酒宴となる例が多かった。たとえば、長岡藩が開戦を決意し、後の同盟軍各藩の代表を城中に招じたが、軍議の後、その席で酒宴となっている。もっとも城中では用意が調わなかったから、城下渡里町の旅籠《はたご》小熊屋に席を移した。

加茂軍議所となった市川正平治《しょうへいじ》邸は大座敷もあり、市川家そのものが酒造家であったというから酒宴には適所であったはずだ。また、近くには旗亭が多くあり、酒宴会場には事欠かなかった。

長岡での軍議の参加者をちなみに紹介しておこう。

会津藩　一瀬要人《いちのせかなめ》　萱野右兵衛　佐川官兵衛　川瀬重次郎　伴百悦
中沢志津馬　井深宅右衛門
長岡藩　河井継之助　川島億次郎　花輪求馬　安田多膳
桑名藩　服部半蔵　山脇十左衛門　岩崎五太夫　町田老之丞《おいのしょう》
馬場三九郎　立見《たつみ》鑑三郎
衝鉾隊《しょうほうたい》　古屋佐久左衛門　松田昌次郎
遊撃隊　木村大作

である。後《のち》の加茂軍議に参加した者が少なくない。長岡での軍議そのものは小千谷談判の経過を長岡藩の河井継之助が報告した。なかに「徳川家の為、義兵を挙げ、奸《かん》賊《ぞく》を誅《ちゅう》すべし」とあり。その際「長岡の生民十万余の死生に関し」とある。継之助の苦衷《くちゅう》の決断を述べた。

このとき、継之助はいままでの会津藩の戦闘ぶりの軟弱さを追及して、会津藩の猛将の佐川官兵衛、伴百悦らと口論になっている。

軍議は結局、長岡藩境の妙見、榎峠《えのき》の奪取に決まるが、そういった険悪な軍議を和らげるためにも、酒宴は必要だったに違いない。

河井継之助は小千谷談判の反省のうえに加茂軍議に参加

そもそも、河井継之助率いる長岡藩兵が、明治新政府軍と一戦を交えることになったが、そこには明確な理由があった。まず、五月二日の小千谷町の慈眼寺における談判の決裂が起因している。

明治新政府の東山道先鋒《とうざんどうせんぽう》総督府軍軍監岩村精一郎らに、河井継之助は会津藩との和議の仲介をしようとしていた。河井継之助は新政府軍が「会津藩を討伐すべしと言うは、まことにもって慮外《りょがい》。先の帝《みかど》（天皇）に忠誠を尽くしたのは会津藩である」とその幼い天皇を擁して、野望を果たそうとする薩摩、長州連合軍に対して疑いの目を向け、ひたすら恭順の姿勢を崩さない会津藩主に同情していた。鳥羽・伏見戦を勃発させたのは、薩摩、長州藩であるという思いが継之助にはあった。西南諸藩が会津藩に、私戦をしかけているというのが、河井継之助の戦争観であった。だから、征東総督府さえ説得できれば、会津藩は矛を収めると思った。

従って、小千谷談判で、両者を調停できるという思惑のもとに会談を行ったのである。それは、新生日本をまとめる大義もあった。ところが岩村らは、その提案を受け入れないばかりか、会津藩とともに長岡藩も討伐だと決めつけた。

河井継之助はそう決めつけた岩村らを憎悪し、開戦に踏み切った。武士としての屈辱にも耐えることができなかった。越後の小藩といえども「一寸の虫に五分の魂」だと思いめぐらしたのである。

ここは決然と立つべきだと河井継之助は判断したのだ。

しかし、思いもよらない長岡落城を体験し、いかに戦争を勝ち抜くか、方策を考え始めていた。そこに河井継之助の加茂軍議の立ち位置があった。

小千谷談判の岩村精一郎は談判ののち猛省し、地方官として活躍

蛇足だが、小千谷談判の一方の代表者、岩村精一郎の履歴を検証してみたい。

弘化二年（一八四五）十一月に土佐国幡多郡宿毛《はたぐんすくも》に生まれた精一郎は、藩主山内家家老伊賀氏の家臣岩村有助英俊の三男だった。長兄は通俊、次兄は自由民権運動家の林有造である。

精一郎の名は高俊、明治二十九年（一八九六）に男爵となっていて、明治三十九年一月四日に六十三歳で没している。

小千谷談判での河井継之助との対話は、人口に膾炙《かいしゃ》されている通りで、岩村の対応の拙《つたな》さが越後に大戦争を起こしてしまったということになっている。

談判以後、軍監から軍曹に格下げされたものの、新潟松浜の上陸戦で功績をあげ、軍監に戻り、次いで奥羽（東北）を転戦し、功により永世禄二百石を下賜されている。

その後、宇都宮、神奈川県の権参事《ごんさんじ》を経て明治七年一月佐賀県権令《ごんれい》となった。県令

はいなかったから事実上の佐賀県知事といってもよい。そのとき、江藤新平の乱（佐賀の乱ともいう）に遭遇している。

大久保利通に随行し、日清会談に参画し、愛媛県権令となり、以後、石川・愛知・福岡・広島の県令、県知事を務め、地方政治のエキスパートとなった。晩年は宮中顧問官、貴族院議員となった。岩村精一郎の生涯は、地方官となって自らを任じた点にある。

その岩村は小千谷談判の悪玉としての評判が悪い。

ところが明治になってからの岩村の業績は、なかなかの硬骨漢ぶりを発揮している。最初に赴任した新潟府では、判事の楠田《くすだ》英世（肥前藩士）のもとで外国事務を司《つかさど》った。新潟港に赴任し通商事務を担当したのだ。その際、地産を調べに加茂町に視察に赴いたと思われる。積極的に新潟開港を推進し、当時、越後府と分立していた政庁を新潟府（のちの新潟県）にまとめることに功績があった。これは、彼が先の戦争のなかで、越後の地理をよく知っていたからできた業績であった。

その後は明治新政府の地方行政官を務めるが、愛媛県権令のとき、五等判事を兼任したが、その兼務を不可とし、判事の職に就かなかった。そのかわり権令として松山洋学校（のちの松山中学校）の設立に尽力した。

そして、なによりも明治八年九月に愛媛県の管内に町村会議を設置し、日本で最初の民衆の声を聴く行政官として著名となった。

もしかすると、小千谷談判の失態が、彼をして、在野の声を聞く発端となったのかもしれない。明治十年六月二十二日、あたかも新暦では六月だが旧暦では小千谷談判の五月二日前後に相当する日に、次のように演説している。

「本年本月本日を以て、この県会を開き、衆議輿論《よろん》を尽さしめ、本県一般の洪益をはからんとす。抑《そもそも》、議会は其地の首脳にして、一般の幸福を増加するの要務なりと云とも、若し、其議事公平に基かずして、偏《ひとえ》に其形を摸し、其名を衒《てら》ふのみに止らば、之《こ》れが為、却《かえっ》て開化の進歩を妨げ、一般の洪福を傷害するに至らんとす。庶幾《こいねがわ》くば各県員、宜く、此の意を了し、専ら、一般の洪益者に対し、期する所も、亦《また》、応《まさ》に之れに出てさるべし。然れば即、本会を以て将来、本県一百《いっぴゃく》三十余万人の洪益福祉を期す可くして、而《しこうし》て、其の県知上に望む」とある。

十年前の小千谷談判の情景を思い浮かべながらの演説であったとしたら、岩村精一郎には越後の勤皇党の活躍からみた、望ましい政治のありさまを探っていたかもしれない。

なおも蛇足ながら石川県令のとき、旧長岡藩士の渡辺譲三郎を登用して、農業改良を行っているし、旧制第四高等学校の誘致に成功した。

出羽上山藩　加茂軍議に参加

米沢藩とともに、越後に進駐してきた上山《かみのやま》藩は、加茂軍議に参加しなければならない事情を抱えていた。出羽上山藩は松平家三万石。名門藤井松平氏の宗家であった。上山藩には一万四千石の越後分領が、刈羽・三島両郡にあった。陣屋は七日市（長岡市七日市）にあり、そこには藩校明新館支校があった。

その明新館支校には、藩儒の金子清邦らが派遣されていて、郷村の子弟も、出張してきた上山藩士の子弟と一緒に机を並べて講義を受けている。郷村の子弟のなかには後に日本石油会社などを創設した山口権三郎などがいた。金子清邦は通称与三郎と称し、上山藩の藩政改革を推進した大立者だったが、慶応三年（一八六七）の暮れの江戸薩摩藩邸を庄内藩などが討伐した際に、上山藩を代表して鎮圧軍を指揮して死亡した。

上山藩が奥羽列藩同盟軍にすすんで参加し、祝《ほう》新《り》兵衛らの重役と兵を送ってくるには、越後分領の救援とともに別に義理立てをする事件があった。

戊辰戦争からさかのぼること三十四年前。天保五年（一八三四）、奥羽地方は、いわゆる天保の飢饉で上山藩の領内は荒廃していた。

まず、天保元年は長雨と洪水、翌年に蔵王山の噴火、疫病の流行、イナゴの大発生。三、四年は冷夏となり天保五年、最悪の状況となった。上山藩はこの天変地異に対策を講じたが、領民の飢えが始まっていた。

そこで、江戸家老の松平外《げ》記《き》などが、越後分領の年貢米などを直接、上山まで廻米《かいまい》することにした。その際、越後分領の農民たちに買い付けと、輸送を了解してもらったのである。天保五年三月から廻米が始まり、三千俵の米俵が信濃川を下り、日本海を渡って酒田港に到着し、最上川を遡行《そこう》し、山形城下から前川を小舟で通って、上山城下に運んだ。これには加茂町の舟運業者も関わったらしい。何しろ新潟商人は北前《きたまえ》船《ぶね》を使った関東、関西交易を推進していた。奥羽地方の物産の積み出し港である酒田港は、新潟港とライバル関係にあった。

その点、加茂、長岡町の舟運関係者は、米俵を酒田港まで運搬できた。

こういった輸送がうまくいって、越後米を同年七月までに一万三千八百俵廻米できた。

それによって、上山藩は領内農民に米を分け、粥《かゆ》を誰彼の区別なく分けた。その風聞は奥羽各地に伝播《でんぱ》し、上山に行きさえすれば助かると民衆に伝わって、多くの窮民が上山藩に助けを求めている。遠くは秋田、弘前、南部まで及んだ窮民は、上山藩に入る地蔵坂までくると、多くの人たちが行き倒れとなったという。その飢えた人びとを越後米が助けた。

こうした救済によって上山藩領では、一人の餓死者も出さなかった。その救済を直接してくれた越後分領の民衆に、義理を立てる機会が訪れたのである。

上山藩としては、戦争に参戦するために越後に出兵したのではなく、「大義」を掲げた奥羽同盟の趣旨に賛同して、藩兵を出兵させた。代表の祝新兵衛は、そうした上山藩を代表して加茂軍議に列席していた。

また、軍議が開かれている五月二十二日、武装した新発田藩兵が加茂町に入っている。その数は百名にも満たなかったであろう。その日、新発田藩兵だけではなかった。他の同盟軍各藩兵の追走者たちや、越後の佐幕派の農民兵が続々と入町した。だが、そのなかで新発田藩兵の入町は、藩内の佐幕、勤皇両派の葛藤が続いており、とりあえず藩論として奥羽越列藩同盟に参画するという一種異様な雰囲気を醸していた。

第三節　加茂軍議二日目

軍議二日目が始まる

軍議二日目の冒頭も、越後戦線の盟主（同盟軍代表藩・総督）を「米沢藩にお願いしたい」旨、会津藩から発議があった。

それに対し、米沢藩大隊頭《だいたいがしら》、中条豊前《ぶぜん》は、あくまで辞退したというが、本当だろうか。資料によっては、米沢藩の出席者は甘粕継成《あまかすつぐなり》、中条豊前の順に記されたものがある。軍議二日目には昨夜から越後に派遣された米沢藩兵のほぼ全軍に近い二コ大隊が加茂町に進駐している。しかし、加茂行きの途中、総督の色部長門《いろべながと》が新潟町に常駐し、副総督の千坂兵部《ちさかひょうぶ》がいまだ加茂に到着しない状況で、米沢藩全軍を掌握できる参謀の甘粕継成の方が、米沢藩を代表していたのではないだろうか。その甘粕が、「わが藩の越後口総督色部長門は加茂本陣には参らず、同盟軍と新政府軍のいずれの船も入港できない、中立港となった新潟町の旧幕府の代官から引き継いで総督となって赴きましたから、副総督の千坂兵部が加茂に参りましたら、再びご協議を致します」と依頼をかわしたとある。それは、米沢藩が越後戦線の総督役を引き受けると言ったようなものだったが「総指揮をします」と言わないところが、米沢藩の深長なところだった。

後に河井継之助ら長岡藩兵が長岡城を奪還した際、なかなか応援に現れない米沢藩兵を、河井継之助が「米沢狐《ぎつね》め」と酷評したのは、このことから由来しているかもしれない。

また、加茂軍議での長岡藩河井継之助の発言が米沢藩をして「何事も僭越《せんえつ》な越後の小藩」と映ったのかもしれない。

軍議は次第に河井継之助の独壇場となっていった。

村松藩の裏切り疑惑を再び持ち出して、村松藩重役を責め立てた。（田中勘解由《かげゆ》が切腹未遂事件を起こしたのは、軍議二日目だったという説もある）もっとも圧巻だったのは、長岡城の奪還の作戦案に熱弁を振るい、同盟各藩の進軍手配を決めていったことであった。この後、記述するが、進軍手配書は誰がその原案を作ったのであろうか。米沢藩の甘粕が立案するよりも河井継之助が企画した方が、より具体的な作戦計画となるのではないか。

軍議出席の同盟各藩には「長岡城を取り戻したとしても、何ほどの利益があるのか」と、戸惑う者がいたことも確かな事実であった。

加茂軍議に花輪ら長岡藩士が作戦計画を発表

だが、会津藩だけは長岡藩に同情的だった。軍議では、会津藩の面々の西郷、秋月、山田らは同情していたがゆえに沈黙していた。そこで本題に斬り込んだのは長岡藩だった。長岡藩の軍事掛の花輪求馬と三間市之進がそれぞれ、軍議で戦術を述べた。

「新戦場は、守門嶽《すもんだけ》から海岸まで東西十里にわたっております。そこに兵力の少ないわが同盟諸藩の兵が防衛しようとしても、何の効用がありましょうや。むしろ、先手必勝。敵の弱点を衝き、電光石火に敵の本営を奪取するのがよかろうと存じます」

「作戦計画は長岡城の奪還が目標ですが、敵の目をくらますためにも、平野部の左右の戦いが必要です。一に与板城を奪うとする作戦。二に海岸沿いに敵の柏崎本営を襲撃する攻撃。それらを遂行するとともに、第三に中央部の今町・見附を奪取した後、左の栃尾の山側から一気に長岡城を衝《つ》けば、必ず敵は総崩れとなることは必定」

と二人の長岡藩軍事掛は、腹案を述べて同意を求めた。

軍議には越後の絵図が広げられていた。

河井継之助は加茂の位置を軍扇で示し、「ここが加茂本営でござる。敵はよもや、われら同盟軍各藩が集合して、本営を設けていることは気付いておらないはず。加茂は兵法で言えば、衢地《くち》。たとえ交通の要衝であったとしても、川からの奇襲、三方の山側から総攻撃をかけられれば、ひとたまりもない。そこを同盟軍が本拠地としているなど軍事の専門家がいるなら考えているはずだ。ところが、気付いてはおるまい。そこがわれらが作戦の一番大切なところ。加茂は新潟港から八里。大川（信濃川）をさかのぼれば軍資の集積地になる。つまり、守るための本営ではなく、攻めるための本営である。この軍議は何のための軍議か。守衛を第一にし、大義、道義を唱えようとも、一つひとつの戦いに勝利せねば、薩長の奴輩《どはい》に付随している徳川親藩、譜代大名衆もなかなか寝返りができませぬ。加茂本営を補給地にし、一気呵成《かせい》に戦線を越後各地に広がらせることが肝要」

と、堂々と述べたてたのだ。まるで魔王のような咆哮《ほうこう》であった。

河井継之助の股肱の人物像

長岡藩の河井継之助は、花輪求馬という侍を重用している。この加茂軍議にも、花輪を三間市之進らとともに陪席させている。

花輪は初め馨之進《けいのしん》と称し、長岡藩では三間市之進、渡辺進とともに「三進」と呼ばれたほどの俊才だった。それも毛並みがよく城内大手門脇に屋敷があった。禄高こそ二百石と、そう高くはなかったが、花輪家の先祖の次郎兵衛の娘が、名君の三代藩主牧野忠辰《ただとき》の生母であったから、藩内でも重きをなしていた。奉行職を代々継いで長岡城では五家老、三中老、七奉行のなかで、奉行の重職を担っていた家柄である。そんな花輪家に馨之進が輩出し、藩校崇徳館《そうとくかん》の秀才とうたわれた。

花輪は若い頃、江戸遊学も果たし、継之助が西国遊歴の際は、三間と鵜殿団次郎とともに神奈川の宿まで見送っている。

戊辰の頃、花輪馨之進は名を求馬と改めた。ちょうど年齢は継之助より九歳年下で働き盛りであった。

その花輪求馬は軍事掛となった。近代兵制でいえば中隊長兼参謀職であるが、実質は長岡藩の作戦参謀であった。

該博《がいはく》な知識を駆使して、微密《びみつ》な作戦をたてた。継之助が発想した奇抜な作戦計画を実行できるように持っていったのは、花輪の知恵があったからである。加茂軍議の目標となった長岡城奪還作戦の八町沖渡河作戦は花輪が作成したものだった。

その花輪が加茂軍議に河井継之助とともに出席している。

蛇足だが、若い頃、花輪は子どもを亡くしている。そのとき同情してくれたのが河井継之助である。河井は藩政改革を推進中の出来事で、激しく門閥の花輪たちと対決していた。それに河井には子どもがいない。

同情の手紙はいたく花輪の心を揺さぶった。

「俺は河井継之助と運命をともにしよう」と花輪は決めた。

継之助が後事を託す際、必ず出てくる言葉がある。「花輪に頼んだ」というのである。藩主の世子忠毅《ただかつ》（当時は鋭橘《えいきつ》）をフランスへ逃走させようとした際や、従僕の外山脩造《しゅうぞう》に商人の道を勧めたときも、必ず花輪の名を口にした。

後に長岡藩儒の小林虎三郎が、米百俵の故事に基づいて国漢学校を建て、人材教育を実施しようとした際も、当時、秋田外記《げき》と名を変えた花輪求馬が、少参事の立場で賛成している。その秋田外記の娘の梅路は山川捨松、津田梅子などとともに渡米することになっていたが、結局はキリスト教の牧師と結婚し、その子の白石古京が京都新聞社を創設している。また、小林虎三郎の甥の解剖学者の小金井良精《よしきよ》は一時、秋田外記の養子になったことがある。

また三間市之進は軍事掛。継之助以前に世襲の五家老家以外で長岡藩の家老となった安右衛門の長男。やはり藩校崇徳館出身の秀才。江戸遊学では長岡藩士として、昌平坂学問所に入っている。そこで塾頭をしていた会津藩士秋月悌《てい》次郎《じろう》を、河井継之助に紹介したのも三間だといわれている。また河井継之助が備中松山藩儒山田方谷に遊学する際、昌平坂学問所の塩谷宕陰《とういん》の紹介状を斡旋したのも、三間であった。三間は剛毅《ごうき》な武人で、特に軍事面を補佐し功があった。継之助とは十歳くらいの年下で、戊辰戦争後は長岡藩の戦争犯罪人となっている。戦後、許されてから新政府に出仕し、初代憲兵司令官や石川県知事となった。

もう一人の村松忠治右衛門も軍事掛。藩の勘定頭や郡奉行を担当した民政の専門家。藩主牧野忠雅《ただまさ》が推進した安政改革に功があったが挫折し、のち河井継之助の慶応改革のときに功があった。財政、金融に通じ、戊辰戦争では後方支援にまわった。加茂軍議では、加茂商人との交渉や、他藩の勝手方（財政担当）と協議を専らにした。また、装備、軍器などの購買の責任者として河井継之助を補佐している。

加茂軍議の二日目は若者が堂々と意見を言う場となった

会津藩の軍事方添役《そえやく》の山田陽次郎が、まず大賛成をした。

「われらが組頭《くみがしら》佐川官兵衛が申しておりましたが、わが主君が薩長の非理に屈して恭順を示しても、一向にわが主君の誠義が通じないのは、私どもの同盟軍が退勢にあるからだと申しておりました。わが同盟軍が守勢、漸退《ざんたい》では困ります。ここは戦いの仕掛けを一変して、同盟各藩が協力して攻勢をかけるべきです」

この山田の発言を後押しするように桑名藩雷神隊長の二十三歳の若武者立見《たつみ》鑑三郎は「米沢藩の方々に申し上げます。わが藩は同盟軍の結義に、藩内の事情もあり、参画してはおりませんが、同盟軍の皆様と一緒に薩摩、長州の奴輩《どはい》の野望をくじき、君側にはびこる卑劣な陰謀者を除くことにあります。さすれば、わが主君松平定敬《さだあき》公の忠節の思いが天朝に達するものと思います。ここは、加茂本営を奥羽越列藩同盟の首府とみたてて、傀儡《かいらい》の新政府軍に戦いを挑む必要がありましょう。そのためには、米沢藩挙げての協力をお願い申し上げます」と訴えかけた。

実は、米沢藩の石高は十八万石。仙台、会津と比べ石高は少ないが、藩兵の数が他藩に比べ断然多かった。藩兵の総数は六千人を超えていた。仙台、会津に匹敵する数だ。それを桑名藩の立見鑑三郎は指摘したのである。越後に逃亡してきた桑名藩兵はせいぜい三百五、六十名。その数で怒涛《どとう》のごとく押し寄せてくる新政府軍に対抗しても、戦略的な勝ち目はない。後に戦の天才と呼ばれる立見鑑三郎も、小戦には勝っても、大局面に至れば、軍勢の数がものをいうくらいのことは知っていた。だからこそ、米沢藩挙げて越後に出兵してもらい、戦闘の主力になってもらいたいと懇望したのである。

それに、立見は米沢藩主上杉斉憲《なりのり》の正室が、桑名藩主松平定敬と会津藩主松平容保《かたもり》と兄弟であり、世子上杉茂憲《もちのり》の母であることを知っていた。

そこに会津藩士山田陽次郎が軍事奉行、西郷源五郎と添役の秋月悌次郎《ていじろう》に語りかけた。

「昨日の軍議で、長岡藩の河井継之助殿は、小千谷談判で会津藩の義を重んじたと申されたではないか。その長岡藩が故城を失った今、それを回復する気持ちをわれらは持とうではないか。その恩義に報いるためにも会津藩の藩士に奮いたたせて、長岡城を奪還しましょう。それが、わが会津若松城を守ることにつながりましょう」と、堂々と述べたのである。

若い二人の熱誠《ねっせい》は軍議を沸き立たせる効果があった。軍議参列の者達からも「おお、おお」と賛同の感嘆の声が上がった。

会津藩士の山田陽次郎の人となり

その山田陽次郎という若い侍について、説明を続けてみよう。資料によっては山田のことを加茂軍議の出席者に記載しないものもあるから、たいした人物ではなかったように思われるが、筋目は正しい。天保十二年（一八四二）に会津藩家老西郷頼母《たのも》の弟に生まれ、同藩の山田内蔵《くら》の養子になった。

兄の西郷頼母は藩主松平容保《かたもり》に、戦争の非を説いた人物だ。会津藩が京都守護職を引き受ける際も、藩主に諫言《かんげん》し、排斥もされている。その実弟が、会津藩軍事方の添《そえ》役《やく》として、加茂軍議に出席している。

山田陽次郎はもっとも苛烈に越後戊辰戦争を戦い抜いた。最後は箱館（函館）に渡り、会津藩の生き残りを集めた会津遊撃隊の差図《さしず》役となっている。箱館で降伏の後に古河藩に幽閉され、赦免《しゃめん》の後、雲井龍雄事件で捕らえられ、十年の准流徒罪《るず》となった。三十三歳で没したが、最後まで、新政府に抵抗した人物だ。

その男が加茂軍議の一員として、河井継之助の長岡城奪還作戦の立案に参画しているのである。

会津藩が加茂軍議で取った姿勢は、あくまで米沢藩を越後口の戦闘の代表とし立てようとした。会津藩は恭順の姿勢を貫くことにあった。

会津藩の軍事方としては戦争の作戦計画よりも、各藩と折衝を重ねて、どう賊軍の汚名を晴らしていくかが課題だった。それは多分に、会津藩の中枢から去った筆頭家老西郷頼母の方針を、同じ軍事方添役の秋月悌次郎《ていじろう》が認めた方針であった。

そこに頼母の実弟が添えられたのは、越後方面の戦闘をできるだけ最少被害にとどめ、恭順の方向にもっていこうとする秋月悌次郎らのたくらみがあった。それは、加茂軍議の会津藩が会議に臨む方針でもあった。

ところが頼母の実弟、山田陽次郎は、そういった会津藩の弱腰を徹底的に否定する。京都守護職時代の会津藩と薩摩藩の交渉を回顧して、会津藩をこのような窮地におとしめたのは薩摩藩であると断定して、会議の一員として参列したのだ。

山田陽次郎は一瀬要人《いちのせかなめ》、秋月悌次郎らを差し置いて、長岡藩の河井継之助に同調し「会津藩も徹底抗戦をしなければ、長岡城のように落城し、藩兵とその家族は流浪することになるぞ」と主張している。

西郷源五郎の人となり

加茂軍議に参加した会津藩士に西郷源五郎という人物がいる。有名な西郷頼母《たのも》家の一支族であるが、源五郎はこのとき軍事奉行として越後に入ってきた。

正式には西郷刑部《ぎょうぶ》と呼ばれている。加茂軍議のときは会津藩越後口総督に代わって、源五郎が意見を述べることがあった。その脇には添役《そえやく》の秋月悌次郎《ていじろう》と柳田新助などがいた。

秋月は昌平坂学問所の秀才で全国諸藩に知己が多かった。会津藩の知恵袋であり、作戦参謀ともいうべき人物である。

会津征伐と称して怒涛《どとう》のように押し寄せてくる薩摩・長州藩を中心とする新政府軍の矛先をどうかわすかが、秋月悌次郎の役目であった。

ところが軍事奉行の西郷源五郎は違った。当年とって三十歳の源五郎は、秋月の柔に比べ、剛ともいうべき人物である。佐川官兵衛を愛し、新政府軍には徹底抗戦の姿勢を崩さなかった。西郷の軍略は、徹底的に抗戦をして相手側にダメージを与えてから、講和をするのがもっとも良策だと考えたものだった。

加茂軍議において、西郷源五郎の発言が、河井継之助の長岡城奪還作戦を後押しすることになる。

源五郎は西郷勇左衛門近潔《ちかきよ》（世禄五百石）長子として生まれている。父は奉行職として、藩主松平容敬《かたたか》・容保《かたもり》の二代に仕えた。源五郎は元治元年（一八六四）十一月に若年寄を命ぜられて七百石に加増されているが、主君容保公が京都守護職のときは、国元を守ることが多かった。

戊辰戦争が起こると父の勇左衛門と源五郎はすすんで越後へ出征してきた。勇左衛門はとかく疑惑の多い新発田藩との折衝を担当している。

西郷源五郎は加茂本営に詰め、越後戦線の後方支援に努め、会津に帰還後戦死する。それは越後から総退却した後、九月十五日若松城外一ノ堰《せき》の戦いで負傷し、近くの花坂村で没した。

西郷家の悲劇は息子の一人源五郎が戦死しただけではなかった。八月二十三日若松城下に新政府軍が侵攻してきた際、父の勇左衛門の妻イハ五十一歳、源五郎の妻イト二十七歳、息子敬一郎二歳、娘カネ六歳。勇左衛門の娘十九歳が自邸で自刃している。父の勇左衛門は明治二十九年（一八九六）二月、八十五歳の天寿を全うするが、会津武士らしい生き様だったと称賛されている。

桑名藩士立見鑑三郎の人となり

二十三歳で加茂軍議に参加し、越後で戦った桑名藩雷神隊長立見《たつみ》鑑三郎の活躍は、後の陸軍大将、子爵となる片鱗《へんりん》を見せたものであった。

鑑三郎は弘化二年（一八四五）、桑名藩の江戸藩邸内の町田家に生まれている。実兄の町田老之丞《おいのしょう》は後に神風隊長となって、越後で戦っている。

同藩士立見家の養子となり、若い頃からフランス兵制の軍事訓練を受けている。十七歳のとき、立見は京都詰となった。主君の松平定敬《さだあき》が京都所司代となったためである。その際、薩摩藩の西郷隆盛や大久保利通と交わっている。

文久三年（一八六三）の「八月十八日の政変」には密偵となり、長州に隠密に入っている。京都では藩主の小姓役として信頼が厚かった。

慶応四年（一八六八）一月、京都郊外、鳥羽・伏見で戦闘が始まった。薩摩・長州藩兵を主力とする新政府軍が勝利したため、桑名城は恭順開城となった。鳥羽・伏見で戦い敗れた桑名藩兵は行き場を失い、おおよその者が主君松平定敬と共に関東・江戸方面に脱走した。松平定敬は百名の兵と共に、柏崎に至ったが、そのほかは関東で新政府軍と戦った。

そのなかで、桑名藩の士官隊・伝習隊を率いた町田・立見らの青年士官が台頭した。彼らはフランス兵制仕込みの西洋戦術を知っていた。

関東に残置された桑名藩兵が柏崎に到着すると、入札によって新しい隊の幹部が決定している。
軍事奉行　山脇十左衛門、小寺新吾左衛門
雷神隊長　立見鑑三郎　　副隊長　富永太兵衛　以下七十四名
致人隊長　松浦秀八　　　副隊長　馬場三九郎　以下七十一名
神風隊長　町田老之丞　　副隊長　大平久左衛門　以下六十五名
大砲隊長　梶川弥左衛門
ほかに御供方、軍事方、病院方、機械方など三百六十名にも及んだ。彼らが主力となって越後で明治新政府軍と戦う。
このうち、小寺、立見、松浦が加茂軍議に参加している。
奇妙なことに加茂軍議に桑名藩越後分領における佐幕派実力者の山脇十左衛門が出席していない。その代わりに弱冠二十三歳の雷神隊長立見鑑三郎が異才を発揮することになった。立見は同盟軍側にあって、兵力、軍備の劣る桑名藩の前線指揮官だが、その戦争指導には誰もが敬服した。
立見が得意にしたのは、夜襲戦、奇襲戦である。余談だが立見が戦後、新政府に出仕し、西南戦争、日清戦争、日露戦争を戦い抜くが、その戦闘方法が日本陸軍の戦法のようになってしまった。戊辰戦争での用兵ぶりが、天才的な野戦指揮官を育てたとしている。兵は立見を軍神のように慕った。立見の名があるだけでも、兵士の士気が上がるのである。

時に京都は尊攘派浪士の破壊工作が横行していた。

桑名藩はそういった京都の治安を鎮静化する目的で浪士たちを弾圧した。その結果、実兄の会津藩主とともに桑名藩も賊軍扱いされて、征討の対象となってしまったのである。

立見鑑三郎の義憤も、また激しいものがあった。勤皇を志し、幕府を助けた主君がなぜ新政府に討たれねばならないのかというのである。立見はそういった義憤を持って、桑名本城への帰還を諦めて、越後に入ってきた。柏崎の越後分領などに駐在し、鯨波の戦い、朝日山の戦いなどに顕著な働きをしたが、ちょうど長岡城落城後、そういった義憤が最高潮に達していた。

加茂軍議は立見鑑三郎にとって奥羽越列藩同盟軍に入れない桑名藩の忠節をしめす

絶好の機会であった。

ちなみに立見はのちに尚文《なおぶみ》と名を改め、日露戦争時、弘前第八師団長として酷寒の満州で戦い、日本軍の奉天大会戦の大勝利に導く黒溝台の戦いに勝利した。戦後、陸軍大将に進級後六十三歳で病没した。彼の脳裏には、若い頃、越後で戦った自分の勇姿が刻まれていた。その勇姿とは敗北死が濃厚な戦いを指揮し、一戦一戦、死に所だと決めて戦った己の生き方だった。

加茂軍議は加茂本営の設置につながっていく

軍議二日目の会場には会津・米沢・桑名・長岡・村松藩の代表者が集まった。その出席者は前日の軍議より少なかったようだ。

そこでは河井継之助が次第に主導権を握っていった。

会津藩の一瀬《いちのせ》が、

「では、ご一同、軍議を進めよう」とやや重い口調で口火を切り、会津藩の山田や桑名藩の立見《たつみ》、そして河井、花輪らが提案した。軍議の内容の討議に入ったのだ。軍事奉行添役《そえやく》の秋月悌次郎《ていじろう》は沈黙している。

米沢藩大隊頭の中条豊前《ぶぜん》が、

「各藩、それぞれに兵力も整わず、進軍手配もままならぬなか、どう新政府軍の進攻を防ぐかが難しい」というような発言をしだした。桑名藩の雷神隊長の立見鑑三郎が息巻いて「薩摩・長州なにするものぞ」と豪語した。

一瀬がその発言を一喝したところから、様相が一変した。

「桑名の若侍が何を言おうと会津藩はできるだけ早く恭順」と一瀬が重い口で言うと、立見は「私どもの家老吉村権左衛門もご同様なことを申しておったが、わが本営であった越後柏崎は占領されてしまい、わが藩兵は越後を流浪する始末。ここ加茂は桑名藩預《あずか》り地とはいえ、今まで、会津・新発田藩に税の収入を肩代わりしてもらってまいりました。桑名本城を失った今、加茂の町がわが桑名藩にとっては、本城と申すもの。ここを拠点に、一気に攻撃をかけ、天下の形勢を変えることが肝要」

そこにすかさず、継之助が言葉を継いだ。

「長岡城を失った今、加茂町は越後六藩の中心に位置しております。新潟港に奥羽越列藩同盟軍の本営を置けないという外国との約束もありますれば、加茂を同盟軍、全軍の本営。ここを足がかりにして、長岡城奪還という奇策な戦いを展開すれば、天下の形勢はわが同盟軍に傾きます。さすれば薩長は孤立し自壊することでしょう」

会津藩越後口総督の一瀬要人の本音

越後口戦線の実質的な盟主は会津藩であった。その総督の一瀬要人《いちのせかなめ》が重い口を開いた。会津武士らしい重厚な語り口で恭順とは、全く違う話を始めた。恐らく、一瀬の本心が現れた。

「無念でござったろう継之助殿。城を失ったことは痛恨。その心情をお察し申す。わが会津を助けるために長岡は戦ってくれたのですから、その義をお返しするためにも、長岡城奪還にご協力を申す。ついては私ども、地理不案内につき、貴藩がいかようにも進軍の手配を設けられよ。わが藩兵は越後からの帰国を考えず、より増兵してご協力を申す。ついては米沢藩も、いま以上のご出兵を図られて、われらを導びかれよ。のう甘粕殿《あまかすどの》、中条殿」

一瀬の言葉には米沢藩がより多く越後に出兵をするようにとの圧力が込められていた。

米沢藩は当初二コ大隊と付属兵のおよそ六百余名の兵を越後へ送り出した。しかし、全藩兵の一割程度である。藩兵は多数いるのだが派兵すれば莫大《ばくだい》な費用が必要だ。

甘粕は参謀だから、そのことはよく知っていた。ところが、米沢藩の末席から軍目付《いくさめつけ》の大滝甚兵衛が発言した。軍目付は軍議を見守る役目だが、大滝の奥羽越列藩の義の熱誠《ねっせい》の気持ちが、一気に噴き出した観があった。

「当藩には遠祖から守り伝えてきた鉄砲隊がございます。鉄砲武者を揃《そろ》えた銃撃は、おそらく当代随一のものでありましょう。それで、上杉謙信公の第一義を守る」と目付の立場で意見を述べている。

こうまで事態が進捗してしまうと、米沢藩としても積極策に乗らざるを得ない。

甘粕参謀は「わが藩は藩を挙げて、長岡城の奪還にご協力申す」

奥羽越列藩同盟が一致団結した瞬間だった。

軍議二日目に河井継之助は世論として戦略を述べる

「京阪《けいはん》に、今、新聞というものが出回っていると聞き及んでいます。越後の戦いが記事になっており、同盟軍側の善戦が外国公使の間で話題になっておるということであります。新政府軍は薩長両閥の武力の上に成り立っておりますから、越後に派遣した薩摩藩の外城隊、長州藩の奇兵隊が敗れることがありますれば、たちまちその報が伝わって内部より瓦解することでありましょう。私どもの長岡藩は会津、桑名の両藩、旧幕府歩兵たちと協力して朝日山の戦いを有利に進めてまいりましたところ、いま一歩で有利な展開を引き出す寸前に、長岡城が奪われてしまいました。これで、新聞紙上は長岡落城を伝え、新政府の薩長勢力は有利になりましたが、ここで、その奪われた長岡城を奪い返す奇想天外な作戦が成功すれば、あっという間に、佐幕も勤皇もなくなり、一気に同盟軍に有利になることは必定です。条件は城がたとえ焼亡してなくなっていたとしても、城を奪還したとする衝撃的な戦いを遂行してこそ、同盟軍に勝利を呼び込むことになりますから、この軍議でしっかりと戦争分担を決め、数旬のうちに長岡城奪還を目指しましょう」

この発言に大方の出席者は賛成にまわった。

村上藩の水谷孫平治は大賛成で、「われら徳川譜代の意地を見せてやりましょうぞ」と張り切っていた。

河井継之助は出席した花輪、三間、村松に各藩と個別に協議させて、その軍勢数や軍器の明細などを聞き出している。

加茂町の同盟軍本営市川正平治《しょうへいじ》方から、長岡まで約八里。しかし、途中、大川（信濃川）中小河川、沼、また山陵も多い。そこを乗り越えての奪還作戦の長岡城突入は長岡藩兵の主力が担うという配慮を継之助は忘れなかった。

二日目の加茂軍議はどこであったのか

米沢藩の甘粕継成《あまかすつぐなり》の日記によれば、二日目の加茂軍議を次のように記している。

「朝飯後、会之大夫《たゆう》一之瀬、長岡大夫河井を始め、昨日会議之面々尽《ことごと》く、我本陣に来会して軍議す、猶又《なおまた》諸藩一同の議を以て、我軍に総号令を司《つかさど》る事を勧す。於是《これにおいて》、余、建議す。当地屯集の兵を三分して、米沢兵は会の衝鋒《しょうほう》(鉾)隊《たい》と合兵。大面《おおも》へ進軍して見附を取るへし。此方面の総督は、乃《すなわ》ち中条豊前《ぶぜん》、宜く之に任すへし。又、一ノ瀬要人《かなめ》は会兵及桑名、村上、上ノ山等の兵隊を総督して、三条に赴き、直ちに地蔵堂より進撃して、与板を攻略すへし。河井継之助は鹿峠口《かとうげぐち》の総将として、長岡兵隊及村松勢等の総将として黒水、長沢より進軍、以て見附へ攻入るべしと。衆議、皆、之を可とす。但し、一ノ瀬は三条の守兵少きに付、我兵三小隊を仮らんと乞ふ。尤《もっとも》、其代として会将木本晋吾(慎)が隊百余人、大崎に屯し佐川官兵衛が隊百五十余人、長沢口に屯して見附の最寄なれは、之を米沢に従属せしめて、先鋒《せんぽう》さすへしと也、之を許す。依て明日急に進軍の方に決す」

これによると二日目の軍議は米沢藩の本陣で行われたことが分かる。前日は会津藩本陣で、二日目は米沢藩の本陣で軍議は開かれている。それでは米沢藩の宿陣地はどこであったかが疑問に残る。

そして初日の議題を蒸し返し、米沢藩が主宰《しゅさい》することを懇願され、それならばと、甘粕参謀が進軍手配、進撃計画を提案したことになったとある。つまり、会津の一瀬要人、長岡の河井継之助をそれぞれの方面の将として、米沢と会津両藩が助け合う配陣にしている。そして、翌日から進撃しようとする決議をしている。

今まで、米沢藩の加茂本陣は市川邸であるというのが定説になっている。甘粕継成の日記の五月二十四日には「今、米の兵一千余、諸藩に比すれば尤《もっとも》多勢也」とあることからして、市川邸では収まり切れなかっただろうし、また市川邸は早くから会津藩本陣となっていたから、会津、長岡の代表が二日目、米沢藩の本陣を訪ね二日目の軍議を行ったとするところに、二日目の軍議は市川邸だとする説が揺らいでいる。

加茂市の郷土史家、故古川信三氏は著書『加茂雑記Ⅱ』の中で「軍議は翌二十三日、陣ヶ峰（加茂市北部）の米沢藩本陣で続行された」と記している。

長岡城奪還の進軍手配が作成される

加茂軍議で奥羽越列藩同盟軍は「進軍手配」という画期的な決議をしている。つまり、同盟軍としての戦略なり、戦術を明快にし、同盟各藩の役割を明確にした。

軍議二日目のテーマは、各藩がどう戦うかを協議したものであった。それは戦場の分担に始まり、軍令や装備などに至った。合言葉や、振旗などの細かい指示となった。同盟軍各藩や、衝鋒隊《しょうほうたい》、新遊撃隊などの旧幕府兵、水戸藩諸生党《しょせいとう》、そして桑名藩兵らもすべて包括された奥羽越列藩同盟軍の軍略が定まった。

その軍略を誰がまとめ上げたかが問題だ。もちろん、各藩の代表が協議事項を持ち寄って、五月二十二日夜、粗案を作り、二日目の二十三日に決めたのであろうが。

その主宰《しゅさい》をした人物こそ勇将なのだが、今日まで長岡藩の河井継之助だというものもいるが、米沢藩の甘粕継成《あまかすつぐなり》、いや会津藩の秋月悌次郎《ていじろう》だという諸説がある。

長岡の郷土史家で『河井継之助傳《でん》』の著者の今泉鐸《たく》次郎は、河井継之助の指導説を取っているが、越後の小藩の代表が、そんなことをやれたのだろうか。

では誰が立案して、軍議を主宰したのか。各藩代表が協議し、納得し決議したとすれば、簡単に決まりそうなものだが、戦場では各藩の思惑が交錯して、大藩ほど指導できなかったのではないか。

米沢藩参謀の甘粕継成という説が有力だが、甘粕は地理が不案内で、しかも米沢藩の事情がある。もう一人の参謀斎藤篤信は加茂に到着していない。

会津藩の軍事奉行や添役《そえやく》も地理がよく分からず、各藩の兵力の掌握は難しい。会津藩の事情からして、奥羽越各藩に協力を押し付けるわけにはいかない。

そうすると、越後の新発田、長岡、村上の各藩から粗案が出そうなものだ。そのうち、新発田藩はようやく五月二十二日、加茂の町に藩兵が入り、軍議には加わっていない。

そうすると河井継之助の指示で、花輪、三間が粗案を作り、会津藩の一部、たとえば西郷刑部《ぎょうぶ》らに閲覧してもらい、米沢藩陣営に持ち込んで甘粕参謀らを納得させたものではなかろうか。

では、その進軍手配はどのようなものであったのか。
『河井継之助傳』から転記してみよう。

見附口《みつけぐち》
一、五十人　会　遊撃隊（会津藩付属の新遊撃隊を指したものか）
一、大砲二門　会　砲兵隊（六十人位）
一、百人位　会　佐川隊（会津藩朱雀四番士中組、佐川官兵衛隊のこと）
一、百人位　会　木下隊（正しくは会津藩青龍《せいりゅう》三番組木本慎吾隊のこと）
一、八十人位　村松隊（村松藩兵）
一、百五十人位　米　斎藤隊（米沢藩斎藤主計《かずえ》（篤信）隊のこと）
一、大砲二門　米　大砲隊（米沢藩大砲隊）
一、二百人（後詰《ごづめ》）米沢勢（米沢藩兵）
メ六百八十人、外に大砲

与板口

一、六十人位　桑　町田隊（桑名藩神風隊長町田老之丞《おいのしょう》隊）
一、大砲二門　桑　大砲隊（桑名藩大砲隊）
一、二百人　会　萱野隊（会津藩鎮将隊萱野右兵衛隊）
一、大砲二門　会　大砲隊（会津藩大砲隊）
一、二百人位　会　衝鋒隊（会津藩付属衝鋒隊）
一、八十人位　上山《かみのやま》勢（上山藩兵）
一、百人位　後詰米沢勢（米沢藩兵）
　メ六百四十人　外に大砲

栃尾口

一、八十人位（記録に藩名を脱落す）
一、総人数（著者曰く約九百人ならんか）

弥彦口
一、二百五十人　庄内勢（庄内藩兵）
一、二百人　会津勢（会津藩兵）
一、百六十人位　村上勢（村上藩兵）
〆六百十人

鹿峠固《かとうげかため》
一、六十人位　桑　需人隊《らいじん》（ママ）（桑名藩雷神隊のこと）

と、具体的に細々としたものであった。同時に同盟軍の規律を求め軍令を発した。

一、諸藩へ入組居候《いりくみおり》へは、聊か《いささ》不敬の義、これなく様、厚く心配いたすべき事
一、押員其他下人に対し、麁忽《そこつ》の儀、これなきよう心付くべく事
一、過酒致し候義、堅く禁止の事
一、私《わたくし》に馬・駕籠《かご》に乗るべからず。不快足痛等よんどころなき節は、頭々《かしら》へ申達

し差図《さしず》を受けべく事

一、猥《みだ》りに他行すべからず。去りがたき用向《ようむき》　これあり節は、頭々へ申達し差図を受けべく事

また、同盟諸藩が共同して戦闘をするかを指示した。

右の通り、追々向々へこれを相達す。

進軍戦略の手配につき左記同盟藩の振り旗　（以下略）

一、口々の諸勢、各持場を守り、且つ隊に組合《くみあわせ》を立《たて》、相助け候事。

一、諸勢一所に混合せず、其口《そのくち》の最寄《もより》に隊を分け止宿致し、応援に便すべき事。

一、出先《でさき》々に土人《（農民のこと）》を募り、非常重賞を与へて、嚮導《きょうどう》或《あるい》は探索に用ふる事

一、法令を厳にし、約束を明にし、務めて土人を安撫致すべき事

一、弾薬兵粮《ひょうろう》等を送り、死傷を護する為に後詰《ごづめ》の兵を差置きべき事

一、出先々々の諸隊、各《それぞれ》申合せ、時々小軍の小旗を用ひて、振合せ申すべき事

ほかに「合言葉、誰と問はば雲と答う。合印《あいじるし》白木綿一巾胸に巻くこと。合旗、

振り旗、丸く振れば十文字に受く」などが決まった。

このことにより、以後、同盟各藩はより一層の結束に努め、協同作戦が取りやすくなり新政府軍との戦いが苛烈《かれつ》となった。

長岡藩は軍旗を加茂町で調達

長岡藩は加茂の本陣で、各隊旗などを新調した。加茂の町には染物屋が多かった。その染物屋に五間梯子《ごけんばしご》の藩印を入れた隊旗を発注している。

もともと軍令は、旗や幟《のぼり》をもって指示することが多かった。各隊の進軍指示や役割、味方の識別を隊旗で行ったが落城戦で失った隊があった。そのため新しい旗の新調が必要だった。

隊旗の長さは三尺五寸で棹《さお》に吊《つる》すようにして、隊付の小者が持つことになっていた。

それにいままで、隊士が左肩に付けていた小切れの五間梯子の藩印も、戦闘の際、ヒラヒラとして邪魔だという苦情があったから、襟《えり》から右脇下に縫いつけるよう指示替えがされた。その小切れも、加茂の町の染物屋に発注している。

それは同盟軍各藩にも伝播《でんぱ》して、戦国時代のような派手な軍旗から、分かりやすい小旗に変えられていった。

同盟軍はともに協同して、戦闘を勝ち抜く意志を加茂の本陣において確立したのである。画期的なことであった。

軍令の一か条に、

出先出先の諸隊、それぞれに申し合せ、時々に、小軍の小旗を用いて、握り合わせ申すべきこと。ただし、旗色作り様も取りかえ申すべく、そのつど、本軍および諸隊へ報告いたすべきこと。

とある。加茂の町の染物屋と織物店あっての隊旗が同盟軍に翻《ひるがえ》った。

戦争中加茂にきた外国人

プロシャ（ドイツ）人の平松武兵衛（本名・ヘンリー・スネル）が加茂軍議ののち加茂と越後戦線に現れている。なぜに来たかというと武器弾薬を新潟港の同盟軍に直接売り渡すと同時に、直接銃砲などの操作を教えるためであった。もちろん、新潟港を管理する米沢藩の要請もあったが、前線の視察に興味があった。

スネルは新潟を出発し、加茂を経て見附の米沢藩本陣に、六月十二日昼すぎに現れた。会津の佐川、長岡の河井、米沢の甘粕《あまかす》らが軍議を終わって、しばらく休んでいるところに米沢藩総督の千坂兵部《ちさかひょうぶ》とともに現れている。

「年頃、三十歳前後　眉目清秀、日本製の羽織襠高《まちだか》を著《つけ》、会老侯（松平容保）より賜りし小脇差を帯し来る。実に一個の美男子也」とは米沢藩の参謀甘粕継成《つぐなり》の観察である。

そのときスネルはぶどう酒と洋菓子を持参して、諸将に勧めている。六月十四日には雨のなか戦場に出張し、押切の長岡藩の大砲を操作して三、四発、発射させた。その撃ち方が巧妙で敵塁をことごとく破壊したというから、武器操作の指導をしたのだろう。

プロシャ人スネルは二人いた。兄のヘンリー・スネルは、日本名を平松武兵衛と名乗っている。弟はエドワード・スネルと称し、駐日プロシャ公使を兼務する武器商人で、新潟町の勝楽寺に常駐していた。河井継之助が懇意にしていたのは、弟のエドワード・スネルの方である。

その兄、平松武兵衛は会津侯の松平容保《かたもり》と懇意で会津若松城に入城し、謁見《えっけん》を許されて平松と名乗っていた。

その男が加茂の町に来て、軍器の調達、操作や兵の質を視察していった。それは当然、弟のスネルと示し合わせた訪問であったに違いない。

その際ヘンリー・スネルが直接、見聞したものがあった。それは、長岡藩が軍器購入に当たって、素早く金貨で支払うことであった。

同盟軍側の銃器の取引は、新潟町で行われている。しかし、より戦場に近く舟運の発達している加茂で行われたであろうことは推測できる。加茂の町には外国の武器商人が入り、同盟軍側は自国の金銀貨を持ち込んで銃器、大砲などを購入している。その際、銀貨で決済しようとする同盟軍各藩よりも、金貨で支払う長岡藩により優秀な銃器が渡ったことは否めない。

加茂の長岡藩本陣から会津若松城下の主君に報告がなされていた

加茂の長岡藩本陣は皆川嘉治兵衛方にあった。

加茂本陣から、会津若松城下建福寺に避難している藩公、老公へ度々通達が届いている。

主に越後での戦争の様子を伝えたものであるが、戦闘の詳報は前線から加茂本陣に集まり、そして、会津若松城下の主君に送達されたものであろう。

とすると、長岡藩の加茂本陣はもう一方の機能も果たしていたと考えられる。同盟各藩の動静を探り、逐次、河井継之助や花輪などの作戦立案者に情報を伝達することである。

長岡城奪還作戦は山地の小規模な戦闘を経て、今町の戦い、大黒《だいこく》、福井、川辺、十二潟、筒場《つつば》、大口《おおくち》などの中原《ちゅうげん》の泥沼の戦い。八町沖の福島村夜襲戦や渡河作戦を経て、奪還に成功する。その際、敵方の位置などの情報もさることながら、味方の同盟各藩の動静や兵力などを把握していないとできない。

そうした情報は、進軍手配にある通り、「土人」（土着の農民や町人）の協力を得ていたのではないだろうか。

さて、長岡藩の加茂本陣から主君への通知だが、加茂軍議が終了すると同時に家老の牧野頼母《たのも》が出発し、翌月の六月一日に会津城下に到着している。そして牧野図書は六月九日へ加茂本陣に帰るため、会津若松城下を出発している。

六月十七日には、加茂本陣から長岡藩士田中小文治が着き、長岡城奪還作戦の第一次攻撃ともいうべき、長呂、品ノ木《ほんのき》から中之島、押切、猿橋、大黒、福井までにかかわる味方軍勢の配置図を報告している。田中小文治は小隊長クラスの洋式軍事訓練を受けた専門家である。軍事的に重要な人物を藩公への報告に派遣したのは、加茂軍議の報告と、これからの戦闘の展開を説明したものと思われる。

六月二十一日には加茂本陣から文書にて主君宛てに通知が届いた。それには米沢藩士の雲井龍雄が「討薩ノ檄《とうさつのげき》」を起草したことが書かれていた。それによると米沢藩の貢士《こうし》として京都に詰めていた偽名で小林達三郎なる人物（実は雲井龍雄のこと）が「京都から逃げ帰り報告するには、新政府は混乱し、肥後熊本藩は薩摩藩に屈しない議論が起こっている。薩摩藩と長州藩は不和を生じている。もっとも、虚実か真実かわからないので留意されたし」というようなことが綴《つづ》られていた。

七月七日には加茂から長岡藩士藤川丈右衛門が、会津の建福寺に到着している。同月十四日には主君が足軽治左衛門を加茂へ向かわせている。

米沢藩総督千坂兵部が加茂に入る

米沢藩の千坂高雅《ちさかたかまさ》（通称・兵部《ひょうぶ》）が加茂に入ってきたのは加茂軍議終了後の五月二十五日のことである。一緒に参謀格・大隊長の斎藤主計《かずえ》も到着した。

早速、甘粕備後《あまかすびんご》、中条豊前《ぶぜん》から軍議の報告を聞いた。

「長岡藩の河井継之助なる者、横着者でございました。村松をいじめ抜いたばかりでなくわが米沢藩の面目をも奪い、あまつさえわが藩は忍びに忍び抜き、色部《いろべ》様、千坂様の裁量を伺いたく、作戦計画案も曖昧模糊《もこ》にしておりましたが、継之助はわが米沢藩を主力から外したうえに指揮権まで奪い去ろうとしております」

甘粕参謀は温厚な性格だったが、軍議を通して河井継之助には大きな恨みを持った。

「会津藩の一瀬《いちのせ》殿や秋月殿はどう言うている。よもや、長岡の河井に同調しているのではなかろうな」

「それが、会津藩に山田陽次郎という若者がおりまして、何しろ秋月殿を差し置いて、長岡城を奪還することにいち早く賛同しております。わが米沢藩にとっては長岡城なるものは何の価値もありませぬ。それを奥羽越同盟軍の総力を挙げて取り返そうというのですから狂気の沙汰と申すべきでしょう」

「して、陽次郎とは」

「会津藩筆頭家老だった西郷頼母《たのも》の実弟と聞いております」

「西郷は恭順を藩主に説き、解任されて行方不明とか。その実弟が徹底抗戦とは、厄介な奴が会津藩にはおるものだ」

と千坂兵部は斎藤主計とともに嘆いた。

甘粕が言うには、

「河井は明日にでも加茂における同盟軍が総兵力をもって出撃し、敵方の本陣（今町、見附、与板等）を衝《つ》こうと息巻いておりますから、間もなく、千坂様にお会いに来るでしょう」

「いや、ともかく、拙者が同盟軍の越後口の総帥にならねばならぬから、河井の勝手を許すわけにはいかない」

「さて、加茂の軍議で決まったものを、同盟各藩の手前、崩すわけにもまいりますまい」

と斎藤が千坂をなだめると、

「わが米沢藩は上杉霜台《そうだい》公（謙信）以来、義を尊び、助けを求める者を救うことが大切」と若い千坂が激高すると、斎藤は、

「もはや、総督（千坂）も、河井の術中にはまったようでございますな」と皮肉を言っ

た。

米沢藩の戊辰戦争は加茂軍議で大きく転換した

加茂軍議には米沢藩兵が不可欠だ。米沢藩兵の優柔さがあったからこそ、加茂軍議が河井継之助の思い通りに進行した。

それから米沢藩は加茂軍議で越後戦線の盟主にされ、藩兵の多くは悲惨な戦争を体験することになる。

米沢藩には興譲館という藩校があり、藩士の教養が高かった。そういう理由でもなかろうが、私的に戦争の様相を書き留める者が多かった。たとえば越後口総督となった色部長門《いろべながと》には出陣日誌が残されており「越後之略記」と名付けられて現存している。参謀の甘粕継成《あまかすつぐなり》の日記は、その記録から一級史料になっている。それら米沢藩士の記録から加茂軍議前後の戦いの様相を検証してみよう。

大隊長中条豊前《ぶぜん》が加茂町に着到したのは、五月二十一日らしい。そこには先遣の藩兵が待っていたし、加茂軍議終了の後は米沢藩兵全員に、御酒が配られて酒宴となっている。米沢藩が最初本陣とした大昌寺は、曹洞禅院だったから酒宴は禁じられ、最初の四百五十名以上の米沢藩兵は、分宿した商家などで酒宴をしたものと思われる。

米沢藩は加茂に本陣を置き、各戦場に派兵した藩兵と連絡、応援、救護などに当たっている。戦場の記録と同時に「加茂より早打」とか「加茂切迫」などという記事が出てくる。

米沢藩は越後の民衆に上杉謙信、直江兼続以来の義侠心《ぎきょうしん》で迎え入れられたらしい。民衆のなかから米沢藩に付属する民兵組織がつくられた。済民隊である。その主将になったのは、上杉家臣団でも名門の仁科越中盛将《もりまさ》という四十六歳の壮漢《そうかん》だった。通称を織部という。

済民隊は弥彦村近辺の観音寺村の任侠《にんきょう》の徒が数多く加わったが、加茂、見附方面にも数多く出没し、田植えをするふりをして、敵の背後から攻撃するなど面白い戦いをした。仁科は戦死したが、米沢藩兵は民衆から支持されていた。

米沢藩兵の後続は、軍議二日目の夕刻に、加茂に入った。そのとき加茂町と上条村は会津、長岡藩兵の二藩の兵で満ちあふれていた。「二藩の兵、人数隙間なく繰込たり」とある。米沢藩兵は早速、会津藩兵に今までの戦闘経過を聞き、「長岡藩兵と共に戦って討死しよう」と誓い合ったという。

翌二十四日、兵士一人に一両が配られ、白鉢巻き、旗と神酒が渡された。鉢巻きや旗は同盟軍統一のものであり、加茂で調達されたものであろう。各自めいめい、それらを引き取り、下宿（宿陣の商家など）に戻り、亭主に命じて肴《さかな》を少々用意させて、各家でまた、大酒宴会を開いたという。

その宿舎を提供した商家の記録がないので分からないが、戦争に赴く若人の壮途《そうと》を祝ったか、それとも、はなはだ迷惑に感じたかは分からない。

ただ、加茂の町の気風は穏やかで淳朴《じゅんぼく》だったから、軍営をしたという記録からすれば協力的だったのだろう。

やがて酒宴が進むと、前日の軍議で「村松藩の裏切りが問題になった」ことが伝えられた。そうすると激昂《げきこう》した藩兵のなかには、「村松藩家老の切腹は当然だ。村松藩の主要家臣を本国米沢に送り、人質にして、向後は裏切りをさせないようにすべきだ」

という意見まで出ている。

そういった藩兵が翌朝、勇躍して戦場に赴くと、そこはまさに地獄であった。

「盾もなき飛玉のなか」に飛び込み、味方の死骸を盾にして戦う戦場に入っていった。その戦場の最中、農家に立ち寄って水を乞うと亭主が「徳利《とっくり》に茶碗《ちゃわん》と梅干しを差し出して歓待した。その味よきことたとえようもなし」と記録にあるが、そのあと生け捕りにした長州藩の大砲引きを、嬲《なぶ》り殺しにして生き肝を川に投げ込んでいる。

味方の負傷者は加茂病院に送るとあるから、加茂町の蘭方医《らんぽうい》たちが傷の治療に当たった。

その一方で味方の中島友蔵が敵に捕まり見附の町でさらされ、河原に連れていかれ、「指を落とし、股を切り取られ、腹をさかれ、嬲り殺し」になった遺体を実見して粛然としている。

しかし、米沢藩兵は上杉家家臣の末裔《まつえい》という恩恵を戦場で最大限享受した。村人は進んで戦士に風呂を提供し、座敷に招き入れ、美食を食べさせている。あまりの歓待に、毎日このような珍膳では不気味で「すへたる握飯に生味噌、夜はござをかむって寝た方が良い」などと贅沢《ぜいたく》なことをいう記録もある。

十五夜などは月を眺め、陣句（甚句のこと）を「米沢模様の手拍子揃て踊出す、村中よりは見物数人あり」と記録にある。

第四節　松平定敬と加茂町兵

京都守護職の松平容保と京都所司代の松平定敬

桑名藩主松平定敬《さだあき》は、慶応四年（一八六八）一月三日、京都郊外鳥羽・伏見でまさに戦端が開かれようとしていたとき、兄の会津藩主松平容保《かたもり》とともに大坂城にあって、将軍徳川慶喜を守衛していた。

後に定敬が豪毅であったと評価されるのは、いったん、佐幕に事を決したらぶれるようなことをしなかったことである。

兄の松平容保が京都守護職となり、ともに洛中の治安を取り仕切る京都所司代職に就任した際、いかなることがあっても、徳川家に忠誠を尽くすことを決めてから、その政治姿勢は佐幕を貫き通すことにあった。そのことが、その二人の兄弟の周辺に悲劇をもたらし、当時、桑名藩の預《あず》り地だった越後国加茂領に大きな影響を与えることになる。

そもそも、戊辰戦争は倒幕を目的とした政権奪取側の西南諸藩、つまり薩摩・長州藩と公卿《くぎょう》の岩倉具視《ともみ》らが企画した軍事クーデターであった。彼らは狡猾《こうかつ》にも徳川慶喜の将軍辞任を狙い新政権の樹立を目指した。

当時、松平容保は二十六歳。定敬は十八歳の若者である。同じ美濃高須藩松平家の出身で、血脈は尾張藩徳川家の分家。また兄の容保は会津松平家を嗣《つ》ぎ、藩祖（会津松平家）保科正之《まさゆき》の十五か条の家訓《かきん》を守る運命にあった。すなわち第一条の「大君（将軍）の義、一心大切に忠勤を存すべし。列国（諸大名）の例をもって、自ら処せるべからず。もし二心《ふたごころ》を懐《いだ》かば、則ち我が子孫にあらず、面々（家臣）決して従うべからず」を守っていたといってよい。

また、弟松平定敬は家系からいえば、寛政改革時に老中をした松平定信《さだのぶ》の曽孫にあたっていた。定信系の松平家は、奥州白河から伊勢桑名に移封になったが、幕末に至っても定信公（号を楽翁）の遺風が残っていた。また、時の老中板倉勝静《かつきよ》（備中《びっちゅう》松山藩主）

も定信の孫に当たり、桑名松平家の出身だった。

幕閣の根幹を支える桑名藩が、いやが応でも幕末の危難のなかに投じていくのは、このような事情があった。

その桑名藩十一万石のうち越後柏崎に分領約五万石があり、またそのうち加茂領は、幕府からの預り地で幕閣で重要な地位を維持するため、特別に幕府から賜ったものであった。

桑名藩領と加茂

桑名藩は表高十一万石の大名。実高は伊勢桑名などで八万三千石。越後魚沼、刈羽、三島、蒲原《かんばら》郡の一部で計五万九千石。合わせて実高計十四万二千石を誇っていた。

越後分領は白河藩時代からの領分で、柏崎に陣屋を置いて、藩士を交代勤務させている。加茂町はその越後分領中の預《あず》かり地一万石ということになる。加茂町にも何人かの桑名藩士が勤務したようだが、貢租《こうそ》収入などの業務は大庄屋の市川家に委託していた。

元来、桑名藩の城下桑名は木曽、揖斐《いび》、長良の三大河川の舟運が発達した要の位置にあり、美濃、尾張の米の集散地となっていた。そのため、大小の米問屋ができて投機が行われる米相場が立つ城下町でもあった。しかも桑名は大坂の銀貨と江戸の金貨が両方使える城下町としても著名であった。つまり金・銀貨の相場も立ち、両替ができたというのである。

これらの影響は越後分領で預り地の加茂の町でも利用された。加茂町と隣接する上条村の商人は新潟港町に次ぐ両替を行い、越後の富を一気に加茂商人が吸いあげていたのである。その代表が大庄屋の市川家であり、皆川嘉治兵衛など加茂商人であったことは間違いない事実であった。

桑名藩陣屋のあった柏崎町が加茂を管下におきながら内陸部（蒲原平野）の富を集めることができずにいた。その代わり加茂商人が新潟港から八里、長岡へ八里の好位置にあって信濃川舟運によって加茂の町を富饒《ふじょう》にしていた。

松平定敬の京都所司代

京都所司代職時代の松平定敬《さだあき》は、池田屋事件や禁門の変、長州征伐などに積極的に参戦し、薩摩、長州両藩の恨みを買ってしまった。

そのため、松平定敬は本国桑名城を捨てて、付き従う百余名の藩士を引き連れ、越後分領の柏崎陣屋に入った。その頃、越後柏崎の陣屋は家老吉村権左衛門がおり、勤皇恭順を唱えていた。

藩主松平定敬は吉村を嫌い、同年代の小姓役であった山脇隼太郎と高木剛次郎に吉村を暗殺させた。隼太郎は当時十九歳、剛次郎は二十歳の若者だった。

二人は暗殺後、脱走し、それぞれ、山脇正勝、高木貞作と名を改めて衝鋒隊《しょうほうたい》に入り越後で転戦した。その後、功をあげ、正勝は初代三菱長崎造船所長。貞作は横浜正金銀行（のちの東京三菱銀行）ニューヨーク支店長となった。

山脇隼太郎の父が山脇十左衛門である。山脇は戊辰戦争の際四十八歳。世禄《せろく》は百八十石、公用人を務めていたが、吉村暗殺後は桑名藩の軍事奉行となった。加茂軍議には参加していない。

佐幕の桑名藩兵らは、閏《うるう》四月二十七日の鯨波の戦いで新政府軍と激戦を交えることになるが、それより先、閏四月十六日、松平定敬は、服部半蔵ら五十余名と共に、預り地の加茂へ向かっている。そのとき定敬は騎馬でさっそうと旅立っていったという。途中、越後小千谷で一泊し、翌日加茂に到着し、大昌寺を宿とした。

柏崎の両替商金子寅吉のこと

松平定敬《さだあき》には、若い小姓たちが護衛していた。そのなかの一人は、山脇隼太郎といい、幼少のころ、父十左衛門が越後柏崎分領の民政役勘定頭の赴任に伴い、越後で十数年を過ごしている。その際、のちに柏崎町の両替商となる金子寅《とら》吉と昵懇《じっこん》の間柄になっている。金子も別称・平松寅吉と称し、幕末の桑名藩の軍資金の調達に協力した人物である。寅吉の年齢も、藩主や山脇隼太郎と同年代であり、柏崎から加茂の町の商人の交渉は、金子寅吉の斡旋《あっせん》によるものであると思われる。

定敬が養子に入ったころ、寅吉は江戸八丁堀の桑名藩邸に住んでいた。

そもそも越後の柏崎在の新道村出身の金子寅吉が、武士を志し上府して、桑名藩江戸藩邸の草履《ぞうり》取りになっていた。その寅吉が幕末動乱の際に、その武士になろうという志を捨てて、両替商となったというのである。

当時、柏崎などの海の湊町、加茂などの川の港町には御用(公認)の両替商は必要な商人であった。金・銀貨の両替を通じて、金子寅吉は加茂の町の商人市川正平治《しょうへいじ》らと交流があったものだろう。

金子寅吉は越後戊辰戦争を生き抜き、松平定敬が函館で生活費に困っていると聞き、資金提供に北海道へ赴いている。戦後、松平定敬がヨーロッパへ行きたいと言い出したが、その経費も、また明治六年(一八七三)、アメリカ人ブラウンから定敬が英語を学ぶための経費も金子寅吉が援助している。

金子寅吉は戦後、横浜の南仲通りで両替商を営んだ。明治十四年十二月の横浜の両替商名簿によると「南仲通り二丁目四十五番地平松屋金子寅吉」とある。

平松屋の屋号も、桑名藩主松平家から、勝手に拝借したものだろう。

余談だが、東京の染井霊園には、松平家の墓地と山脇家の墓地がある。山脇家の墓地の両側に金子寅吉が建立した二基の石灯籠が立っている。

金子寅吉の金融の才覚は、恐らく預《あずか》り領であった加茂分領の加茂商人の両替の知識に多少とも影響されたのではないだろうか。

桑名藩士松浦秀八は主君松平定敬と行をともにす

松平定敬《さだあき》の側近に松浦秀八という桑名藩士がいた。後に神風隊長となり加茂軍議に参加している。むしろ、軍事奉行の金子権太左衛門を差し置いて、桑名藩を代表して河井継之助の応援にまわった。弱冠二十三歳の立見《たつみ》鑑三郎は、松浦の擁護があったからこそ軍議に発言できた。

松浦は文政十二年（一八二九）十二月生まれとあるから、河井継之助より二歳年下。加茂軍議に金子と同格の軍事奉行として出席した小寺新吾左衛門は実兄である。小寺家の二男であった秀八は、桑名藩士松浦家の養子となり、頭角を現していく。会津藩の秋月悌次郎《ていじろう》と付き合うのも、幕府の昌平黌《しょうへいこう》に共に学んだ秀才だったからだ。

桑名藩主松平定猷《さだみち》・定敬の二代に仕え、家督相続後は百八十石の小姓役から、側役、大目付を歴任している。

藩主が京都所司代に就任した際は、定敬の側をかたときも離れず、定敬のために列藩の重臣間の周旋に努めている。当時、京都の情勢は最悪で、暗殺事件も横行し身を危険にさらされていたが、挺身《ていしん》して忠孝に励んだ温厚な侍であった。

鳥羽・伏見の戦いでは常に主君の側にあり、定敬が徳川慶喜らと大坂城を脱出し、その際、大坂に置き去られて苦難の末、江戸城にたどり着いている。新政府軍への抗戦を主張し、自ら進んで、幕府の大鳥圭介の軍に属して宇都宮城攻略に功を立てている。その後、桑名藩の越後分領の越後柏崎に閏《うるう》四月十二日に到着し、桑名藩兵の編成替えに伴い致人《ちじん》隊長となった人物だ。

松浦は新政府軍に抗戦を主張し、越後のみならず会津・奥州で転戦し、降伏した。後に許されて桑名に戻り、明治三年(一八七〇)十二月桑名藩少参事となり、同五年正月免職となった。旧藩主松平定敬は秀八の純忠を愛し、東京に呼び寄せ、松平定敬家の家令とした。その後再び桑名に帰り、三重県立病院に勤め、また、桑名米商会社の取締役となった。明治三十九年七十八歳で没している。

桑名藩付属加茂町兵

加茂町に桑名藩や会津藩の兵が入ってくると、町兵や農兵を募集している。資料によると加茂の町では百人ほどの町兵が加わったという。

『柏崎史資料』（近現代1）に「桑名藩軍制並死傷者姓名」という資料がある。立見鑑《たつみ》三郎隊長の雷神隊に「加茂兵の吉兵衛（戦死）長瀬盛之助（負傷）宮川清吉（負傷）菊池伊助（戦死）森清十郎（戦死）」とある。戦死負傷の詳細は不明だが、加茂町詰の桑名藩兵（加茂出身者も含まれていたかもしれない）であったようだ。だが雷神隊に越後蒲《かん》原《ばら》郡加茂取建兵《とりたてへい》として「忠作、藤吉、忠三郎、平七」の四名の連記があり「右の外脱走者有之」とあり、まさしく加茂町兵がいたことが分かる。

松浦秀八隊長の致人《ちじん》隊にも「加茂兵新郷、石井平兵衛外に三十二人、藤松、常吉、勘右衛門、午之助、富吉、寅之助、徳蔵、政吉、由松、長助、彦市、国太郎、松之助、昌治、咲之助、和吉、惣助、次七、富之助、祐之助、八十吉、茂三郎、平三郎、熊吉、長之助、専之助、善五郎、米蔵、彦七、新助、善六」の名前がある。

新郷とあることから預《あずか》り領となった加茂領の村々から徴募されてきた兵であろう。

また神風隊長町田老之丞《おいのしょう》に属する隊にも加茂兵がいる。

越後加茂取建《(立)》兵として、

「桑名藩　加太左喜尾　同北村清蔵　同小池勇八」

「渡辺頼助、大湊岩之助、涌井治六、東樹多惣次、外山平八郎、諸橋茂三郎、近藤寅之助、小野塚升五郎、田下勇八郎、青木藤左衛門、同健二郎、村越猶平、後藤重六、五十嵐太三郎、藤田小助、渡部虎吉、斎藤熊吉、佐藤□八郎、佐藤君平、永田正一郎、本多作平、吉田徳太郎、有本礼介、彦四郎、幸二郎（戦死）、永井虎五郎（負傷）、長谷川喜太郎（負傷）」である。これらも預り領加茂で採用された越後人のようだ。そして、明らかに町兵、農兵（民兵）と思われる名が連記されている。

「加茂兵　徳二郎　重助　三蔵　竹松　大二松　和三郎　彦二郎　玉吉　長松　仙右衛門　徳蔵」である。

これらの記録から桑名藩は、越後加茂領の町兵などを積極的に編入させていったことが分かる。

では、加茂町兵たちが、桑名藩兵に加わったのは、いつ頃か。

桑名藩の戦闘記録などを総合して調べてみると町兵たちが桑名隊に加わったのは、加茂軍議以降が多い。もとより戦兵になるためには訓練が必要だ。銃器、刀槍の扱いや、戦法など様々な訓練を受けなければ戦兵になれない。会津藩領の魚沼地方にはそういった訓練の様子が書き記されたものが残っている。

朝日山戦の桑名藩兵負傷者六名のなかに、山添仙次、杉村安蔵、相場鉦《かね》次という明らかに越後でにわかに採用された兵がいる。いずれも三石二人扶持の新郷から召し出された足軽だが、いずれも柏崎領の出身者だった。

加茂取立兵のなかに小池勇八という八石二人扶持の侍がいた。その小池の名が五月二十七日の与板の戦いに出てくる。小池は長府藩報国隊長勝原国介の首を討ち取ったというから、剛の者であったのだろう。ただ、この小池は桑名藩致人隊副隊長が斬り倒した勝原を横合いから入って、首を切り取ったことで、後で問題となった。もしも小池が加茂出身兵であれば、加茂兵の最初の戦闘参加となる。

戊辰戦争・加茂町兵を中心に

長岡城が再び落城した慶応四年（一八六八）八月初め、加茂本営には会津藩の三隊。庄内藩の二隊そして桑名藩の二隊、合計五百余名の兵（八月四日現在）がいた。

一方、新政府軍約五千名が加茂本営の攻略に向かっていた。三条から加茂へ向かう道は、現在の国道ではなく、右側の山沿いにあったが、そこを雲霞《うんか》のごとく新政府軍が押し寄せてきた。

下保内にあった前哨《ぜんしょう》地はたちまち蹂躙《じゅうりん》されて、福島の陣地に逃げ込んだ。町中から、同盟軍各藩兵は敢然と迎え撃って、激戦となった。

桑名藩の『泣血録《きゅうけつろく》』に

「相距《あいへだて》ること百歩、散弾霰《あられ》の如く　声、天地を撼《ふるわ》す。我兵屈せず、敵、機に乗じ勢《いきおい》盛《さかん》にして進来《すすみ》る。我二隊防戦、尤烈《もっともはげ》し、敵の陣する所は我先に討て樹木を払ふ。故に敵身を避る所なく死傷、頗《すこぶ》る多し」

このとき、鹿峠《かとうげ》から迂回して加茂の町を襲おうとした新政府軍の一隊があったが、加茂の大明神社（青海《あおみ》神社）背後の山地に陣を敷いていた桑名藩の神風隊の一部の兵が致人《ちじん》隊と力を合わせて、眼下を通過する敵兵に猛烈な射撃をしている。

このとき、加茂町兵七名が、天神口の戦いに参戦している。その戦いぶりは「少しも恐れる色もなく、決死して奮戦す、感称するに余有《あまり》し」と記録されている。桑名藩兵らは、加茂の町の民家に火を付けて、明かり代わりにして退却を始めた。

この戦いで桑名藩に属していた加茂町兵の横山重五郎が頭を撃たれ戦死している。この横山は桑名藩神風隊に属していた。ただし、会津様からの御拝借兵となっているから、おそらく加茂人が、会津藩本陣に採用されて、桑名藩に付属されたものであろう。ただ負傷者の一人永井寅《(虎)》五郎は、神風隊に属する加茂兵であったことは確かである。

加茂町兵のその後

八月五日、加茂から同盟軍各藩兵は撤退を開始。七日夕刻には津川。越後から敗走する同盟軍兵士らが混雑するなか、桑名藩兵約二百余名は、同月十二日の夕刻、会津若松城下の臨済宗の大刹興福寺に到着し、本陣とした。越後の戦闘では四十四名の戦死者を出し、脱走者もいて、往時の面影も薄らいでいた。粛然と城下に入る桑名藩兵のなかに、加茂町兵がどのくらい加わっていただろうか。

この後、新政府軍が会津盆地に侵入すると、桑名藩兵らは会津若松城に藩主定敬《さだあき》と共に入城を希望するが、兄の容保《かたもり》は援軍と共に会津を助けてほしい旨が伝えられ、多くの藩兵は米沢へ向かった。

その前後、会津若松城攻防戦の緒戦で桑名藩兵が戦い死傷するが、加茂取立兵の何人かがいるので紹介しよう。

雷神隊、加茂取立兵　吉兵衛　八月二十三日戦死

同　加茂取立兵　宮川清吉　八月二十三日負傷
致人隊《ちじん》　加茂取立兵　金蔵　八月二十三日戦死
同　加茂取立兵　源助　八月二十三日負傷
神風隊　加茂取立兵　長谷川喜太郎　八月二十三日肩負傷

である。八月二十三日、大寺口を守備していた桑名藩兵は、早朝、戸ノ口方面に激しい銃砲声を聞いた。実は戸ノ口に架かる石造の十六橋を新政府軍が現れる前に破壊することができず、敵は橋を渡り、峠を越え、飯盛山の脇を通り、滝沢の陣地を破って、城下に流れ込んでいた。大寺口は迂回路に当たり、桑名藩兵は救援のため城下蚕養口《こがいぐち》に駆け付け激戦となった。この戦で雷神隊十一名、致人隊十一名、神風隊一名、軍事方一名の戦死者を出した。越後の戦いでは計四十四名の戦死だから、会津の戦いで一日で二十四名の戦死は混戦であったことを物語っている。そのうち二名（前述）が加茂町兵であった。

その一方、桑名藩兵の一部は長岡藩とともに仙台城下に逃れ降伏をした者もいた。これは桑名藩士を長岡藩士と名乗らせたものだが、戦後、氏名が判明したものは二十三名に及ぶ。その中には加茂軍議に列席した軍事奉行の金子権太左衛門も含まれている。

それに仙台城下から藩主松平定敬は藩兵と別れ、蝦夷《えぞ》に向かっていた。

残りの五十余ほどの桑名藩兵は唐津藩士や伝習隊の一部の兵と庄内へ向かった。そのなかに加茂町兵も何名か含まれていた。

桑名藩兵は山形の寒河江《さがえ》で、東北最後の血戦をする。九月二十日、新政府軍に寝返って先鋒《せんぽう》となった米沢藩兵と薩摩藩兵を迎え撃った。そのなかに福地又五郎という加茂町兵が戦死した。福地は致人隊に属し、十日市場という激戦地で戦死する。その首を隊長の松浦秀八が斬り落としている。この福地は名字帯刀を許された町兵で、新暦でいえば十一月四日、出羽の山々に初雪の頃、異郷で戦死した。

福地又五郎の戦死が、加茂町兵の最後の記録である。会津藩所属となった加茂町兵を含め、約百名の加茂町兵の戊辰戦争は寒河江で終わった。

第三章　討薩ノ檄と長岡城奪還

米沢藩士雲井龍雄の「討薩ノ檄」

ここが同盟軍の首都だといわんばかり、米沢藩は大量の兵を加茂の町に入れた。本陣の大昌寺に収まりきれず、陣ヶ峰に野営したり近くの民家に分宿することになった。米沢藩は支藩の新田《しんでん》藩を入れても十八万石。幕府の御定法《ごじょうほう》である慶安軍役帳が一万石に九十九名の兵であるから、石高からみて約千八百名程度の軍団が適正であったのに、六千人以上を抱えていた。

これは上杉家が慶長五年（一六〇〇）の関ケ原戦後、会津百二十万石から米沢三十万石に減封された際、家老直江兼続の方針で、越後から従ってきた家臣を解雇しなかったことによるものであった。当然、家格は高いのに微禄な侍が多い。

先述したように、加茂の町には米沢藩兵の進駐を期待した者が多かった。

上杉謙信や直江兼続の時代に加茂の産業は飛躍的に発展した。だから、上杉氏が再び越後を支配してくれれば、上杉の遺風のもと、町の治政が穏やかになると考えた人たちが多かった。

各町内、各村で歓迎されたが、町民の期待とは裏腹に、米沢藩兵の態度は、そう良いものではなかった。

第一に米沢藩兵は老兵や少年兵が多い。それに、戦国時代の甲冑《かっちゅう》に槍弓を携えた者まで加茂に入ってきた。明らかに軽装、旧式であるが西洋銃を持った会津藩兵とは違う。

「あれで、戦争をするのか」と町民たちはいぶかったが、やがて、同盟軍の各藩兵が蒲原《かんばら》へ出戦していくと、加茂の町を守る兵は米沢藩兵ばかりになった。

同盟軍の本拠地、つまり米沢藩が代表となる奥羽越列藩同盟軍の越後における首都が、加茂に存在することになったのである。

そこに、六月のある日、米沢藩士雲井龍雄が現れ、大昌寺に草鞋《わらじ》を脱いだ。

そこで書きあげた檄文が「討薩《とうさつ》ノ檄《のげき》」である。

奥羽越列藩同盟軍は戦争に当たって、いくつかの檄文を発行し、戦う意趣を明らかにしている。

だが、この檄文こそが、もっとも格調が高く、戦う同盟軍兵士に勇気を与えたものはない。

討薩ノ檄

初め、薩賊の幕府と相軋《あいきし》るや
頻《しき》りに外国と和親開市《かいし》するを以て罪とし
己《おの》れは専《もっぱ》ら尊王攘夷の説を主張し
遂に之《これ》を仮りて天眷《※てんけん》を僥倖《ぎょうこう》す。
之が為に紛紜内訌《ふんうんないこう》、列藩動揺、兵乱相踵《あいつ》ぐ。
然るに、己れ朝政を専断するを得《う》るに及んで
翻然局《ほんぜんきょく》を変じ、百方外国に諂媚《※てんび》し
遂に英仏の公使をして紫宸《ししん》に参朝せしむるに至る。
先日は、公使の江戸に入るを譏《そし》って幕府の大罪とし
今日は公使の禁闕《きんけつ》に上《あが》るを悦びて盛典とす。

天眷＝天の恵み
諂媚＝こびへつらう

何ぞ夫《そ》れ、前後相反するや。
是《これ》に因って、之を観る。
其の十有余年、尊王攘夷を主張せし衷情《ちゅうじょう》は
唯、幕府を傾け
邪謀《じゃぼう》を済《な》さんと欲するに在《あ》ること昭々《※しょうしょう》知るべし。
薩賊、多年譎詐《※けっさ》万端、上《かみ》は天幕《※てんばく》を暴蔑《ぼうべつ》し

下《しも》は列侯を欺罔《ぎもう》し、内《うち》は百姓の怨嗟《えんさ》を致し
外は万国の笑侮《しょうぶ》を取る。
其の罪、何《なん》ぞ問はざるを得《え》んや。

薩賊、擅《ほしいまま》に摂家《せっけ》華族を擯斥《ひんせき》し
皇子公卿を奴僕視《どぼくし》し
猥《みだ》りに諸州の群不逞《むれふてい》の徒《やから》

昭々＝あきらかなさま
譎詐＝いつわりあざむく
天幕＝天井に飾りたる幕

己れに阿附《※あふ》する者を抜いて
是をして青を紆《まと》ひ、紫を施《し》かしむ。
綱紀錯乱、下凌《しもしの》ぎ上替《かみかわ》る
今日《こんにち》より甚しきは無し。其の罪、何ぞ問はざるを得んや。

伏水《ふくすい》の事、元《もと》暗昧《※あんまい》、私闘と公戦と
孰《いず》れが直《ちょく》、孰れが曲《きょく》とを弁《べん》ず可《べ》からず。
苟《いやしく》も王者の師を興《おこ》さんと欲せば
須《すべか》らく天下と共に其の公論を定め
罪案已《ざいあんすで》に決して、然る後《のち》、徐《おもむろ》に之を討つべし。
然るを、倉卒《そうそつ》の際、俄《にわか》に錦旗を動かし
遂に幕府を朝敵に陥《おとしい》れ、列藩を劫迫《きょうはく》して
征東の兵を調発す。
是れ、王命を矯《た》めて私怨《しえん》を報ずる所以《ゆえん》の姦謀《かんぼう》なり。

阿附＝おもねり従う事

暗昧＝道理にくらくおろかなこと

其の罪、何ぞ問はざるを得んや。

薩賊の兵、東下以来、過《す》ぐる所の地
侵掠《しんりゃく》せざることなく、見る所の財
剽竊《※ひょうせつ》せざることなく
或《あるい》は人の鶏牛《けいぎゅう》を攘《ぬす》み、或は人《ひと》の婦女に淫《いん》し
発掘殺戮《はっくつさつりく》、残酷極《きわ》まる、其の醜穢《※しゅうわい》
狗鼠《くそ》も其の余《あまり》を食はず、猶且つ
靦然《※てんぜん》として官軍の名号を仮り
太政官の規則と称す。
是れ、今上陛下《こんじょうへいか》をして桀紂《けっちゅう》の名を負《お》はしむる也。
其の罪、何ぞ問はざるを得んや。

井伊・藤堂・榊原・本多等は、徳川の勲臣なり。

剽竊＝かすめ盗むこと
醜穢＝みにくくてけがらわしい
靦然＝あつかましい顔つきのまま

臣をして其の君《きみ》を伐《う》たしむ。
尾張・越前は徳川の親族なり。
族《ぞく》をして、其の宗《そう》を伐たしむ。
因州《いんしゅう》は前内府の兄なり。兄をして其の弟を伐たしむ。
備前《びぜん》は前内府の弟なり。弟をして其の兄を伐たしむ。
小笠原佐渡守《さどのかみ》は壱岐守《いきのかみ》の父なり。
父をして其の子を伐たしむ。
猶且つ、強《し》ひて名儀を飾りて曰《いわ》く
普天《ふてん》の下《もと》、王土《おうど》に非《あら》ざる莫《な》く
※率土《そつど》の浜《ひん》、王臣に非ざる莫しと。
嗚呼《ああ》、薩賊。
※五倫《ごりん》を滅し※三綱《さんこう》を破り

率土の浜＝陸地の続くかぎり
『詩経』に「溥天の下、王土にあらざるなし、
率土の浜、王臣にあらざるなし」
五倫＝君臣の義、父子の親、夫婦の別、長幼
の序、朋友の信
三綱＝君臣・父子、夫婦の道

今上陛下の初政をして、保平の板蕩《※はんとう》を超《こえ》しむ。
其の罪、何ぞ問わざるを得んや。

右の諸件に因って之を観れば
薩賊の為す所、幼帝を劫制《ごうせい》して其の邪を済し
以て天下を欺《あざむ》くは莽《もう》・操《そう》・卓《たく》・懿《い》に勝《まさ》り
貪賤《どんざん》厭《あ》くこと無し。
至る所残暴《ざんぼう》を極むるは
黄巾《※こうきん》・赤眉《※せきび》に過ぎ、天倫《※てんりん》を破壊し

旧章を滅絶するは、秦政《しんせい》・宋偃《そうえん》を超ゆ。
我が列藩、之を坐視するに忍びず
再三再四京師《けいし》に上奏《じょうそう》して、万民愁苦

板蕩《はんとう》＝乱世をそそる

黄巾＝後漢の黄巾賊
赤眉＝前漢末の賊軍
天倫＝自然のつね

列藩誣冤《ふえん》せらるるの状を曲陳すと雖《いえど》も
雲霧擁蔽《ようへい》、遂に天闕《※てんけつ》に達するに由なし。
若し、唾手《だしゅ》以て之を誅鋤《※ちゅうじょ》せずんば
天下何に由《よ》ってか
再び青天白日《せいてんはくじつ》を見ることを得んや。

是に於て、敢て成敗《せいばい》利鈍を問はず
奮って此の義挙を唱ふ。
凡そ、四方の諸藩、貫日《※かんじつ》の忠
回天の誠を同じうする者あらば
庶幾《こひねがわく》は、我が列藩の逮《およ》ばざるを助け
皇国の為に共に誓って此の賊を屠《ほふ》り
以て既に滅するの五倫を興し
既にやぶるるの三綱を振ひ

天闕＝天子の住む所
誅鋤＝鋤で除いて根を絶やすこと

貫日＝積日・太陽をつらぬく

上は汚朝《おちょう》を一洗《いっせん》し、下は頽俗《たいぞく》を一新し
内は百姓の塗炭《とたん》を救ひ、外は万国の笑侮を絶《た》ち
以て列聖在天《れっせいざいてん》の霊を慰め奉《たてまつ》るべし。
若し尚《なお》、賊の篭絡《ろうらくちょう》中にありて
名分《めいぶん》大義を弁ずる能《あた》わず。
或は首鼠《しゅうそ》の両端を抱き
或は助姦党邪《じょかんとうじゃ》の徒《と》あるに於ては
軍に定律あり、敢て赦さず。
凡そ天下の諸藩
庶幾は、勇断する所を知るべし。

（「討薩ノ檄」原文を書き下し文とした）

【討薩ノ檄・意訳】

そもそも、薩摩藩と幕府が争うようになったのは、幕府が外国と親交し、開国しようとしたことを罪だと薩摩藩がみなしたからである。その際、薩摩藩は強く尊王攘夷の説を主張

した。それが幸いして天皇（孝明天皇）の天の恵みを薩摩藩が得ることになった。そのため幕府は開国、朝廷は攘夷の方針を貫くことになり、互いに問題が発生し、各藩も同様に二派に分かれた内紛が起こり、そのために兵乱が次々と起こっている。

ところが十五代将軍徳川慶喜が大政奉還後、薩摩藩は明治新政府の朝廷政治を独断するに及んで、突然、方針を大転回し、あらゆる外国にこびへつらうようになっている。

薩摩藩はイギリス・フランスの公使らを、朝廷の最重要の場所である紫宸殿《ししんでん》に招待している。先だってまでは、外国公使が江戸に入ってくるのに対しても反対し、朝廷を裏切った幕府の大罪だと見なしていたのに、今は外国公使が朝廷にあがることを喜んで盛典としている。

そりゃなんだ。全くあべこべではないか。

こうなった原因を考えてみると、この十有余年は、薩摩藩が尊王攘夷、つまり天皇を敬い、外国の勢力を打ち払う運動を主張した本当の目的は、ただ幕府の屋台骨を傾けることではなかったのか。

そんなよこしまな謀《はか》り事をしようとしていたことは、まことに明らかなことだったと知って、私は薩摩藩を薩賊と見なし、多年のいつわりあざむくすべてのことに嫌悪を憶《おぼ》える。それは天朝をも侮蔑《ぶべつ》し、列侯をだまし、農民の怨み嘆きの声があがり、諸外国から笑われてあなどられることになる。

その罪を問わないでなにを得ることができようか。

その薩賊は勝手きままに、摂家や華族を排他し、皇子公卿《くぎょう》を奴隷化している。みだりな様子だが諸州の群や、不逞の徒がこれにおもねり従う者が出てきた。これらは全く青をまとって、紫の行いをするようなものだ。綱紀は乱れ、下剋上《げこくじょう》となってしまった。いま、それはもっともはなはだしい。その罪を問わないで、何を得ることができようか。

伏見・鳥羽の街道の戦争は、もともとよく分からない戦いだった。むしろ、薩摩・長州両藩兵と旧幕府軍の私闘であったが、果たして公戦であったかは、いずれが正しくまた間違っていたかは見分けることができようか。

いやしくも薩摩藩が王者としての戦《いくさ》を起こしたとすれば、天下に普《あまね》く、その大義を知らしめることが必要である。それは旧幕府側の罪を裁断してからのちに、征討すべきである。

ところが、征討の兵を起こす際、突然、官軍である錦旗をかかげ、旧幕府側を朝敵だと勝手に断定して、全国の諸藩兵に強迫して、征東の兵を出陣させてしまった。

これは、本来の天皇の勅命にのっとるものではなく、いままでの私怨をはらす姦謀である。その罪を問わないで、何を得ることができようか。

薩賊の兵は、江戸と東北に向かっているが、通過した土地で略奪行為が行われていて、見えるところの財宝はかすめとられている。

それは人の食糧である鶏や牛を盗み、人の女性を暴行している。まさに手あたり次第の殺人など残虐を極まるものだ。そのみにくくけがらわしい行為は動物も残骸を欲しいとも思わない。なおかつ、あつかましい顔をして、官軍の名をかたっていることだ。それを太政官の規則だと勝手に称しており、これは現天皇陛下をして、暴君として名高い夏の桀王と殷の紂王になぞらえることになる。その罪を問わないで何を得ることができようか。

井伊家の祖先井伊直政、藤堂家の祖先藤堂高虎、榊原家の祖先榊原康政、本多家の祖先本多正信は、みな徳川将軍家の功臣である。その後裔《こうえい》に、現在の主君を討伐させようとしている。尾張徳川家、越前松平家はともに徳川家の親藩である。その親藩をして、宗家の徳川家を討伐させようとしている。

因幡（鳥取）の国守は前内大臣の兄であるが、その兄をして弟を討伐させようとしている。備前（岡山）の国守も、やはり、前内大臣の弟だが、その兄を弟が討伐させようとしている。小笠原佐渡守は小笠原壱岐守の父だが、その子を討伐させようとしている。そのことを大義で飾りたてて主張するに、無限の天地がすべて、勤皇になった今、陸地が続くかぎり、この地に住む人びとはすべて、天皇の臣であるといえよう。

ああ。それなのに薩摩藩の横暴者は、「義・親・別・序・信」の人間が守るべき五倫を無視し、君臣・父子・夫婦の絆をも破ろうとしている。

今上天皇の新しい政治が始まろうとしているが保元、平治の乱の頃のような悪政をそしること以上の問題が起ころうや。その罪を問わないで、何を得ることができようか。

右の諸件をいろいろ観察してみると、薩摩藩が断行しようとしている諸改革は、幼い天皇を強制して、そのよこしまな政治を実行し、天下を欺くことにつながっている。その天下を欺くことは謀反人といわれる王莽《おうもう》、曹操《そうそう》、董卓《とうたく》・司馬懿《しばい》にまさり、その貧しくいやしい心は計り知れない。

全国各地での残虐行為は黄巾賊、赤眉の乱以上にひどく、天の道理を破壊し、良い規約をも滅しようとしている。これは秦の政《まつりごと》、宋の武力政治をも超えている。

わが東北諸藩はこれを黙って見ているわけにはいかない。

そこで、再三再四、民衆の苦しみをみるに忍びなかったので歎願《たんがん》をあげたが、全く考慮されたことはない。そして、その願いは天皇のおるところには結局、届かなかった。もし、容易に手をこまねいて根を鋤《すき》で取り除くようにしなければ、天下は再び晴れることはないであろう。

ここにわれらは勝敗や得失を考えず、この義挙に参画しようと思う。周辺の諸藩の同志も、積日、太陽を貫くような忠義の心があり、天下の趨勢《すうせい》をひっくりかえすような誠の心がある者が集まり、わが奥羽越列藩同盟を助けてほしい。

願いは、列藩同盟の義挙に少なからず賛同いただき、日本の将来のために、薩摩藩を屠ることを手伝っていただきたい。

そうすれば、いままで滅していた五倫の道は復活し、三つの絆もまた元に戻るだろう。そうすれば上は朝廷の悪いところをなおし、下は民衆の悪い風俗を改め、内は農民の苦しみを救い、外は外国から侮られないようになる。

そして、日本の先人の霊をなぐさめ、素晴らしい新国家を造ることが大切だと思う。

だが、ここまで言っても薩摩にだまされ続けているのであれば、あらためて、その大義を申し述べることもないだろう。むしろ、互いに戦端を開き、悪い奴輩《どはい》を軍律に照らし合わせて討伐する覚悟である。

全国の諸藩よ、勇気をふるって、わが列藩と一緒に薩摩藩を討とうではないか。

米沢藩士雲井龍雄・加茂で討薩ノ檄を草す

作家藤沢周平の歴史小説に雲井龍雄を主人公にした『雲奔《はし》る』という作品がある。

雲井龍雄は俊才であった。それがゆえに京都に新政権が樹立した際、米沢藩の貢士《こうし》として選抜されて京都詰となった。そこで、薩摩藩の大久保利通らの専横をつぶさに実見した。そして、京都を脱走し国元に帰り、越後戦線に赴いてきた。

まさに風雲急を告げる奥羽を、まるで雲のごとく走り抜け、その姦謀《かんぼう》の薩摩藩を討つ、義烈を説き、邪を排することに奔走した快男児であった。

雲井龍雄は戊辰戦争後、本藩が降伏帰順した後も抵抗をやめず、反政府運動をし、結局、斬首の刑に遭っている。その才を惜しむ声もあったが、その義の精神は少なからず感銘を与えた。

その「討薩《とうさつ》ノ檄《げき》」を起草したところが、越後の加茂であった。

藤沢周平の『雲奔る』では見附本陣で六月十二日に記したとあるが、これは明らかに作家が資料を読み、見附と加茂の現状を知らず雲井龍雄が起草した場所を断定したものである。

『雲奔る』では同盟軍総督に推された千坂兵部《ちさかひょうぶ》、参謀の甘粕備後《あまかすびんご》が見附本陣にいて、龍雄はそこを訪ね、その夜、かねて抱いていた義憤を一気に「討薩ノ檄」にまとめ、従軍していた儒臣《じゅしん》の曽根俊臣《としおみ》に添削《てんさく》してもらい翌日、千坂に提出したとある。

藤沢周平は「薩賊、多年譎詐《けっさ》万端、上は天幕を暴蔑《ぼうべつ》し、下《しも》は列侯を欺罔《ぎもう》し、内《うち》は百姓の怨磋《えんさ》を致し、外は万国の笑侮《しょうぶ》を取る。其の罪、何《なん》ぞ問わざるを得《え》んや」と述べる文章に「堂堂の檄文であった。正論だ」と評価し、軍議に同席していた河井継之助も会津の佐川官兵衛も感奮《かんぷん》して、早速、その檄文は転写されて同盟軍各藩に送られたと記述している。

見附本陣とは今町の永閑寺に駐在していた千坂兵部に提出したものであった。

雲井龍雄の「日記」によれば、「（六月）十一日雨、総督見附に赴く、山吉（山吉左久馬のこと）従ふ。加茂に在り（雲井は加茂の大昌寺にいた）檄草を草す」とある。翌日、雲井は加茂から見附に行き、参謀、軍監らと軍議をし、翌十三日に「長人に贈るの書を草し、曽翁（曽根俊臣）に謁《えっ》す」と記している。この長人に贈る書は、かつて同門であった長州藩奇兵隊参謀の時山直八へ「討薩ノ檄」とともに「薩摩は長州の敵ではないか」という説得の手紙であった。雲井は時山が五月十一日に朝日山の戦いで戦死したことを知らない。

米沢藩参謀甘粕継成《つぐなり》の日記にも十二日に雲井龍雄が総督に「討薩ノ檄」の一篇を出したことを記したのちに、

「（雲井）が去年中より上京して探索御用を勤め、王政復古の変に及んで、長州の参謀広沢兵助、時山直八及土佐の後藤象二郎等と相交ることを得、太政官の内謀密議、率《おおむ》ね探らずと言ふことなし。是を以て、当四月以来、米沢の貢士となりて、名を遠山翠《みどり》と改め、朝廷の間に出入し、交通益々広まりしが、奥羽連合の事起るに及んで、遂に京師《けいし》を脱走し、間関数十日にして、稍《ようや》く江戸に至りしに、日光宮《（輪王寺宮）》様西軍に迫られて、御脱走の時に会《（会津）》し、遂に宮様の御供して、水戸に至り、又、会津に赴き甚だ忠志を尽す。宮様、已《すで》に会へ入らせ玉ふに及び、遂に国に帰り、更に越地にて尽力せんとて、去る八日、米《（米沢）》府を立て、昨日、見附に来着せり。此者、兼て薩人が幼帝を挟んで幕府を倒し、朝憲を破ることを憤ること甚く、今度の戦に討賊反正の名義立ざるを深く患《うれう》るより、檄文一篇を持し来て上《たてまつ》れるなり」とある。

加茂の米沢藩本営は奥羽越列藩同盟軍の本営でもあった。そこで起草した「討薩ノ檄」は同盟軍が戦う意義を明らかにするものであった。

今町の戦いは、長岡城の奪還に期待を抱かせた

小泉其明《きめい》の『戊辰騒擾記《そうじょうき》』には、加茂軍議後、加茂の町には二千名以上の同盟軍の兵がいたとある。もしかすると、加茂の町に二千名、町続きの上条村に一千五百名程度の兵がいたのではないかと考えられる。それに、長岡藩の女性や子ども、老人たちを加えれば、当時の加茂の人口の半分くらいがにわかに暴漲《ぼうちょう》したのだ。

食糧等の物資は欠乏し、物価は異常に上がっただろう。町民の生活は苦しくなった。

五月三十日に長岡藩をはじめとする同盟軍各藩兵は、長岡城奪還のために加茂から出兵していったが、それでも、兵站《へいたん》基地として、各藩は若干の兵と後方支援の本陣を

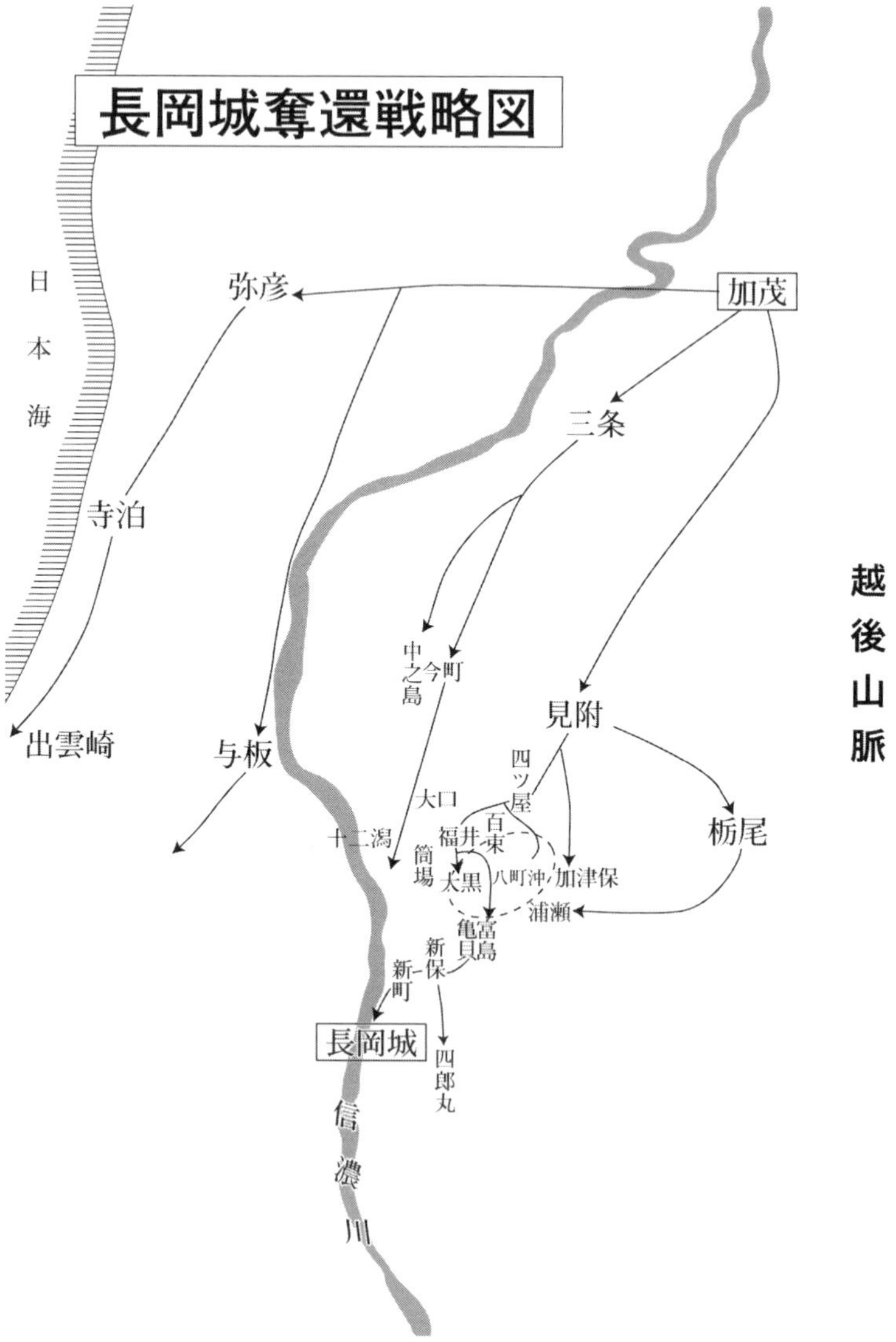
長岡城奪還戦略図
日本海
弥彦
加茂
三条
寺泊
越後山脈
中之島
今町
見附
出雲崎
与板
四ツ屋
大口
百束
栃尾
十二潟
福井
筒場
太黒
八町沖
加津保
浦瀬
亀貝
富島
新保
新町
長岡城
四郎丸
信濃川

残した。

出兵した同盟軍のなかでも長岡藩兵の戦いが際立った。その代表的な戦いが六月二日、三日の今町の戦いであった。長岡へ向かう主街道で、三条から出発した山本帯刀《たてわき》隊が、今町、中之島の手前で新政府軍と衝突し激戦となった。そこに迂回《うかい》した河井継之助率いる兵力が側面から攻撃したのである。世にいう陽動作戦であった。

横撃された後方の胸壁に、松田秀次郎率いる越後勤皇党の方義隊《ほうぎたい》（のち居之隊《きょしたい》）がいたというから、越後人同士の戦いとなった。

結果からいえば、同盟軍側の大勝利だったが、そのために市街地で戦いが行われ、多くの家々が焼かれた。この勝利は同盟軍各藩兵に自信を生じさせた。特に会津藩の佐川官兵衛などは、見附で軍議した際、河井継之助に、このまま長岡城に突入し、奪還を実現させようと主張している。継之助にしてみれば、戦機は逃さず、奪還戦に移るべきだったが、長岡城奪還後の戦略を考えれば、時期尚早で反対している。

猛将佐川官兵衛と智将河井継之助の軍略に関わる衝突がよく起こった。

だが、この今町の戦いの勝利により、同盟軍各藩は、はっきりと戦争の目的が見えてきた。それは長岡城の奪還ができるという確信につながっていく。加茂軍議の効果が顕然と輝き出した。

大黒、福井戦が八町沖渡河戦につながっていく

加茂軍議により見附口や鹿峠《かとうげ》方面の戦いで、見附町は早々と同盟軍が占領した。長岡落城後、見附を守っていた新政府軍兵士たちは、今町の戦いで同盟軍が勝利すると後退していった。

同盟軍側は見附と今町の要衝を確保し、長岡城をはるかに望む位置にまで戦線を戻した。

新政府軍参謀の山県狂介は、これ以上の後退は士気に関わるとし、越後平野中央部の川辺、十二潟、筒場《つつば》、大黒《だいこく》の各村に保塁を築き、新政府軍兵士を一つの保塁に別々の藩兵を入れて死守しようとした。応援の高田、加賀（富山）や信州諸藩兵は攻撃を受けると保塁から逃げ出すものが多く、驕悍《きょうかん》の薩摩、長州藩兵と混合することによっ

て戦況を好転させようとした。それに田植えの後、戦争のために手入れもできなかった水田の稲は折からの洪水に埋まってしまった。

新政府軍は民家の戸板、畳などを積み上げて胸壁を作った。それを保塁と呼んだが、保塁はまるで湖に浮かんだ舟のようだったという。

また村と村の間には、一本の道が浮かんでいるだけで、そこに大砲を置き、ぶっ放しては歩兵が突撃するような戦いが始まっている。

世にいう大黒、福井などの戦いである。

同盟軍は米沢藩と長岡藩が中心になって、雨中や夜に泥田を渡り奇襲、夜襲をかけた。斬り込みである。

米沢藩は主力として戦うが老兵、少年兵が多く、しかも甲冑《かっちゅう》、火縄銃を携帯するという部隊が多かった。敵の保塁に肉薄し、斬り込めば、当然、犠牲者も多く出た。何しろ、保塁内の薩摩、長州藩兵の多くは、元込め七連発のライフル銃を持って、雨中でも装填《そうてん》して狙い撃ちができた。

六月七日から約一か月半、水と泥のなか、大黒、福井など、現代でいえば長岡市新組、黒条、中之島で両軍とも苦戦を続けた。この戦いを経て、八町沖渡河の奇襲戦が成功し、長岡城の奪還となる。

福島村夜襲戦は八町沖渡河作戦の前哨戦

六月二十日は長岡城下から北東に一里程度に存在した八町沖を渡った長岡藩兵がいた。兵力はおよそ四コ小隊約二百名だが、夜襲戦を敢行した。八町沖は直径約四キロメートルほどの沼だ。城下からは戊亥《いぬい》の方向にあり、いわば鬼門に位置していた。だから、開発が遅れ、魔蛇がすむ所といわれて、人は近づかない荒れ地であったが、底無しの沼もある代わりに、比較的高い耕地も沼地に存在していて、葦《あし》や樹木がからんでいるようなところであった。

新政府軍はその八町沖の辺《へ》りに保塁を築き、夜は篝火《かがりび》を焚《た》いて、同盟軍が渡ってくることを警戒していた。

それをやすやすと渡って、福島村の新政府軍の保塁を長岡藩兵が夜襲したのである。

守っていた富山藩兵は支えることができず、多くの戦死者を出している。

この夜襲戦は長岡城奪還のための前哨戦だといわれているが、奇襲後、城下に向かったが、夜が白々と明けてくると、周りの新政府軍に囲まれてしまい、逃げ帰っている。

大黒《だいこく》水門、福島水門の争奪も激しかった。何しろ八町沖は折からの洪水に際し、水を満々とたたえ、村際《むらぎわ》まで水が迫っていた。

そんななか、河井継之助をはじめとする長岡藩の将士は、長岡城奪還の奇襲戦を企画する。それは、奥羽越列藩同盟軍全体の勝機を決するものであった。そのために八町沖の難所を一気に渡り、敵中に躍り込み、そのまま城中、市中に入り、新政府軍を越後から追い払おうとした遠大な作戦だった。その戦場は八町沖（八町沼ともいう）の渡河が前提条件であった。

同盟軍各藩も長岡城奪還に意欲を持つ

長岡藩士牧野八左衛門の日記に加茂軍議終了後、各隊にその決議事項を通達したことが記されている。「（五月）二十三日加茂町にて本陣より布達有之《これあり》。其《その》文意は両殿様、上々様長岡を立退かせられ、銘々一家も道路に飄泊《ひょうはく》致し候様に相成り、（中略）。仍《よっ》て速に敵軍を追払、封土取返すより外無之《ほかこれなく》に付、必死を期し尽力致す可き旨なり。此時、夫々向小所《むかうこしょ》の部署を定められ」

と明快な目標が決められ、各隊の配置が定められている。すなわち長岡藩の目標は長岡城の奪還であった。

しかし、そう軍議の結果を認識したのは長岡藩兵だけで、同盟軍各藩兵の多くは長岡城の奪還などの作戦は考えてもいなかった。

同盟軍の各藩兵は加茂軍議の進軍手配の約に従って、加茂を出発していった。とりわけ衝鉾隊《しょうほうたい》の出陣は見物に値した。軍議二日目の夕刻、大崎村へ進軍を開始したが、ラッパと小太鼓を演奏しながら、歩兵が歩調をとる出陣だったから、加茂町人は怖いもの見たさに沿道に堵列《とれつ》したという。

衝鉾隊は加茂軍議の内容に満足していた。

同盟軍各藩があらためて義盟したことはもちろんだが、長岡城の奪還をしようとする積極策に出たことに歓迎した。彼らは幕府の復活を夢みて、脱走して越後に入ったが、会津藩と協同戦をしても敗戦ばかり続いていた。

それが加茂軍議で敵の撃滅を図る作戦を企画したのだから、張り切っての出兵であった。

やがて、同月二十六日、大面《おおも》、小栗山《こぐりやま》で新政府軍と衝突する。そのとき協同したのは会津藩木本慎吾隊と米沢藩兵であった。

米沢藩兵は弾薬が尽きたと言い訳をしながら後退しようとするが、衝鉾隊と会津藩兵は遮二無二《しゃにむに》に突撃した。山上から雨、霰《あられ》と弾丸がそそぐなか立ち上がって、兵を叱《しっ》咤《た》しながら山を登り、白兵戦に持ち込んで敵を撃退している。久しぶりの勝利に隊士たちは沸き上がった。

こうした戦いに勝利した同盟軍各藩兵は、自信を持ち始めた。加茂軍議は衝鉾隊、会津、桑名藩兵らに勇気を与え、長岡藩の念願の長岡城奪還に協力することにつながった。

加茂軍議の進軍手配も長岡城の再度の落城で水泡に帰す

長岡城奪還の八町沖渡河作戦の遂行と、長岡城奪還についての詳細は他著に譲りたい。ただ、この奇襲戦は越後の地形を巧みに利用した作戦であった。綿密に長岡藩各隊の行動、役割が決められていたが、同時に同盟各藩兵の協力がなかったら、長岡城を奪い返すことはできなかった。

少勢の長岡藩兵で長岡城を取り返した際、総督の河井継之助ははるか北方を眺め「米沢藩の後詰めの兵はまだか」としきりに軍事掛の花輪と三間に話しかけたという。城を奪還しても、同盟各藩と協力して敗走する敵兵を追撃し、はるか柏崎の米山の先まで追い払ってしまえば、新政府軍内部に動揺が広がるという思いが河井継之助の作戦にあった。

だから、同盟軍中、多勢の米沢藩と日本海海岸線上を遡上《そじょう》する庄内、会津藩兵の共同作戦に期待をかけたのである。

ところが肝心の主街道上に米沢藩兵の姿が現れない。そのうち長岡城下城岡口で、戦場から城下に逃げ帰る薩摩藩外城隊と長岡藩兵の激戦が始まった。薩摩兵は死兵となって突っ込んでくる。守る三間市之進が率いる長岡藩兵と必死の激戦となった。

長岡城中にいた河井継之助はその応援、激励のために新町口まできたところに流弾が左膝に当たった。「河井総督が撃たれた」と駆け寄る長岡藩兵。戸板に乗せて長岡藩の病院となった四郎丸の昌福寺に運んだ。城岡口は何とか持ちこたえたが、米沢藩兵が城下に現れたのは継之助負傷後であった。

継之助の強い個性が同盟軍各藩兵を思うように操作したが、戦場から離れた現在、追撃態勢をついにとることはできなかった。

間もなく新政府軍は踏みとどまり、兵力、軍器を回復させて、再度、長岡城を落城させた。ここに加茂軍議の進軍手配、すなわち作戦計画は会津若松城攻防戦へ移っていった。

■主要参考文献

今泉鐸次郎　『河井継之助傳』昭和六年八月　目黒書店
遠藤平太　『会津戊辰戦争従軍記』昭和六十二年九月　遠藤進
今泉省三　『長岡の歴史』第四巻　昭和四十三年十二月　野島出版
稲川明雄　『北越戊辰戦争史料集』平成十三年十一月　新人物往来社
野口団一郎　『訂正戊辰北越戦争記』明治二十六年　目黒十郎支店
置賜史談会　『戊辰の役と米沢』昭和四十三年十二月　置賜史談会
菊地明　『会津藩戊辰戦争日誌（上）』平成十三年九月　新人物往来社
田中惣五郎　『北越草奔維新史』昭和十八年四月　武蔵野書房
町立加茂図書館　『居之隊勤皇史』前編・中編　町立加茂図書館
結城重男　『雛田松渓その詩と生涯』平成二十年三月　新潟日報事業社
郡義武　『桑名藩戊辰戦記』平成八年十二月　新人物往来社
大鳥圭介・今井信郎　『南柯紀行・北越戦争概略衝鉾隊之記』平成十年　新人物往来社
その他、多数の文献・資料

あとがき

今から四、五年前の、とある日だったと思います。太田明会頭が突然お見えになられたので、早速会頭室にお通しいたしました。

すると、会頭室に入るや否やおもむろに司馬遼太郎の『峠』を出され、堰《せき》を切ったように「若杉専務、ほら、加茂が出ているよ。ここに加茂が。」と興奮ぎみに話されました。これがこの一連の歴史プロジェクトの始まりでした。

当商工会議所は、中心市街地の活性化をいかに推し進めていくべきか模索を続けていました。減っていく人口、商工業者数、そして会員事業所の数……。

現在どこの街も同じ悩みを抱えている中で、太田会頭から「健闘しているまちは観光客が訪れているまちである。加茂は神社仏閣の多いまちでJR加茂駅から歩いて観光しても十分日帰りができる。それに北越戊辰戦争当時、長岡藩軍事総督河井継之助が一度は落城した長岡城を奪還すべく軍議を開いた重要な土地だ。

そこで、コンパクトに持ち運べて正確な縮尺地図に歴史スポットを解説した散策マップを作ってみてはどうだろうか」とご示唆をいただきました。

そして出来上がったのが、「加茂歴史散策マップ」です。平成二十四年（二〇一二）十一月加茂市内全戸に無償配布し、当商工会議所で販売を開始しました。翌二十五年（二〇一三）五月からこのマップを基に「加茂山古道ハイキング」と銘打ったイベントを開催しました。ありがたいことに評判も良く、回を重ねるごとに市内外から参加者が増え、今では春の一大イベントに成長しました。

また、河井継之助長岡藩宿陣の場所を始め、青海《あおみ》神社など市内六カ所に歴史モニュメントを設置した他、秋には長岡城奪還ゆかりの地を巡る歴史散策バスツアーを実施するなど、いずれの企画も好評で市内外から大勢の方々からご参加いただいています。

そして、最大のプロジェクトが本書の発行です。本書の執筆ばかりではなく、この一連のプロジェクトを遂行する上で、河井継之助記念館館長稲川明雄さんには言葉では言い表せないほどのご協力、ご示唆を賜りました。本当にありがとうございました。

越後における戊辰戦争は、一般的には「北越戊辰戦争」と言われていますが、長岡藩だけではなく越後の諸藩が関係しています。また、戦場も越後平野の中央地域だけではなく越後全土にわたり、勤皇、佐幕の別なく、武士、商人、町人、農民、老若男女すべてを巻き込んでの戦《いくさ》の嵐が吹き荒れました。

よって、稲川さんには太田会頭のお考えを取り入れていただき、敢えてタイトルは「越後戊辰戦争」という標題をお願いした次第です。

本書の刊行には、新潟日報事業社新保一憲氏から過分なお力添えをいただきました。心から感謝申し上げます。

平成三十年（二〇一八）は戊辰戦争一五〇年の年に当たります。新潟県の小さな一地方都市で起きた加茂軍議という歴史的事実が見直され、そしてこの加茂の地に多くの方々からお越しいただくことを願って止みません。

平成二十八年（二〇一六）八月

加茂商工会議所

専務理事　若杉　俊彰

稲川　明雄（いながわ・あきお）
昭和19年（一九四四）、新潟県長岡市に生まれる。
長岡市立互尊文庫司書・長岡市史編さん室長、長岡市立中央図書館長　現在長岡市河井継之助記念館長
㈱エヌ・シィ・ティ（長岡ケーブルテレビ）歴史アドバイザー・NHK文化センター（新潟）講師

著　書
『長岡城燃ゆ』（恒文社）一九九一年
『長岡城奪還』（恒文社）一九九四年
『長岡城落日の涙』（恒文社）二〇〇一年
『長岡藩』（現代書館）二〇〇四年
『龍の如く—出版王大橋佐平の生涯』（博文館新社）二〇〇五年
『互尊翁—野本恭八郎』（新潟日報事業社）二〇〇六年
『北越戊辰戦争史料集』（新人物往来社）二〇〇一年
『新潟県人物小伝　河井継之助』（新潟日報事業社）二〇〇八年
『新潟県人物小伝　山本五十六』（新潟日報事業社）二〇〇九年
『新潟県人物小伝　小林虎三郎』（新潟日報事業社）二〇一〇年
『河井継之助のことば』（新潟日報事業社）二〇一〇年
『山本五十六のことば』（新潟日報事業社）二〇一一年
『風と雲の武士・河井継之助の士魂商才』（恒文社）二〇一〇年
『長岡築城物語』（長岡新聞社）二〇一四年
共　著
『米百俵と小林虎三郎』（東洋経済新報社）二〇〇一年
ほか

越後《えちご》戊辰《ぼしん》戦争《せんそう》と加茂《かも》軍議《ぐんぎ》

2016年９月10日　初版第１刷発行
2017年11月25日　初版第２刷発行

著　者　稲　川　明　雄
発行者　加茂商工会議所
編集・発売　新潟日報事業社
〒950-8546　新潟市中央区万代 3-1-1
TEL 025-383-8020　FAX 025-383-8028
http://nnj-book.jp

印刷・製本　株式会社 小　田

© Akio Inagawa 2016
乱丁・落丁本は送料小社負担にてお取り替えします。
定価はカバーに表示してあります。
ISBN978-4-86132-637-0